U0689959

启真馆 出品

守书人
PHILOBIBLON

古书犀烛记

袁芳荣/著

ZHEJIANG UNIVERSITY PRESS
浙江大学出版社

图书在版编目（CIP）数据

古书犀烛记／袁芳荣著. —杭州：浙江大学出版社，2013.3

ISBN 978-7-308-11270-3

Ⅰ.①古… Ⅱ.①袁… Ⅲ.①古籍-收藏-中国

Ⅳ.①G894

中国版本图书馆CIP数据核字（2013）第045035号

本书由作者授权，限在中国大陆地区发行

浙江省版权局著作权合同登记图字：11-2012-156号

古书犀烛记

袁芳荣 著

责任编辑　周红聪

营销编辑　李嘉慧

装帧设计　毛　淳

出版发行　浙江大学出版社

　　　　　（杭州天目山路148号　邮政编码310007）

　　　　　（网址：http://www.zjupress.com）

制　　作　北京百川东汇文化传播有限公司

印　　刷　北京中科印刷有限公司

开　　本　635mm×965mm　1/16

印　　张　17.75

字　　数　198千

版 印 次　2013年7月第1版　2017年8月第2次印刷

书　　号　ISBN 978-7-308-11270-3

定　　价　48.00元

版权所有　翻印必究　印装差错　负责调换

浙江大学出版社发行中心联系方式：(0571) 88925591；http://zjdxcbs.tmall.com

《十竹斋笺谱》卷2，凤子

上图：《十竹斋笺谱》卷一，清供

下图：《十竹斋笺谱》卷3，伟度—鹅经

《北平笺谱》收录笺样。
图画大都布满整张笺纸，用色较浓重。

《北平荣宝斋笺谱》，溥心畲画笺。
这部笺谱共两册，计选取名家所作200幅笺图。

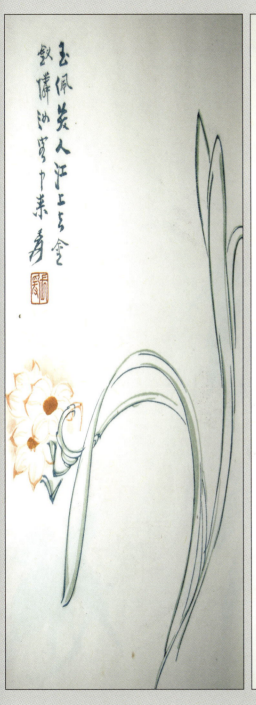

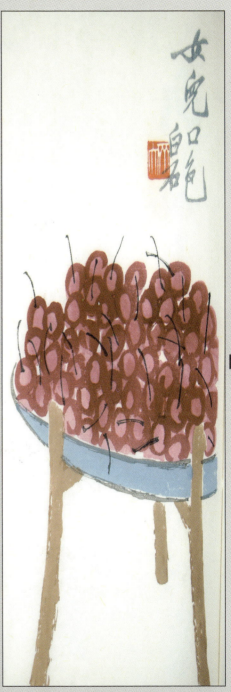

《北京荣宝斋新记诗笺谱》共收录120幅笺图，
上册以齐白石画笺最多（右图），共44幅；
下册以张大千画笺最多（左图），共28幅。

《补拙斋笺谱》，王光宗编绘。
图为这部笺谱中收录的蝴蝶画笺。

王氏所绘《补拙斋笺谱》用色鲜艳，渲染效果十分明显。
图为收录其中的金鱼画笺。

補拙齋箋譜稿　卷上

喜神譜　　菜中珍
大富貴　　清唫窨
墨雨紅　　雕蟲情
鳳子行　　故鄉香
羅浮儂　　晚節香

補拙齋箋譜稿　卷下

上苑春　　師園圃
天中瑞　　烁色佳
昇平色　　曉露濃
研遍趣　　晚霞紅
園丁讚　　歲寒友紅

《补拙斋笺谱》上下两册，共20个主题（上图）。
下图为收录其中的《大富贵牡丹图》，花蕊点染或红或黄或蓝，十分醒目。

乾嘉时期，怡王府的角花笺甚是有名，其图案印在牙色纸幅的左下角，拱花与饾版并用，后世民间仿制甚多。

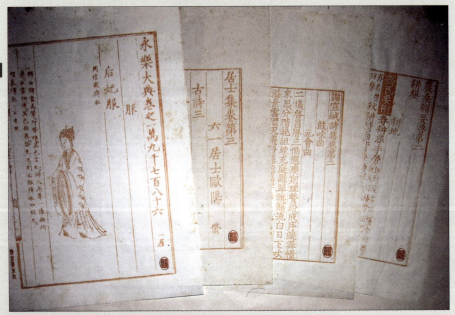

笺纸种类五花八门，任何人事物均可入画。

而其印制，则有无色的拱花印法、单色印制与彩色印刷。

有时会分别用红、黄、蓝、绿四色印于白纸上，雅趣盎然，五彩缤纷。

上图：更讲究的信封会成套印刷，例如清秘阁有一款摹周小鼎文信封，分别印
　　　在各色封套上，清新可人。

下图：佳莲室有一套人物笺，四种图案分别是秋树读书、晚风渔蓑、高山流水
　　　以及落叶煎茶，分别印在十色纸上，整套排开五彩缤纷、美不胜收。

张大千的泼墨荷叶画笺，
稍加几笔叶脉即见精神，
下笔生姿摇曳，人见人爱。

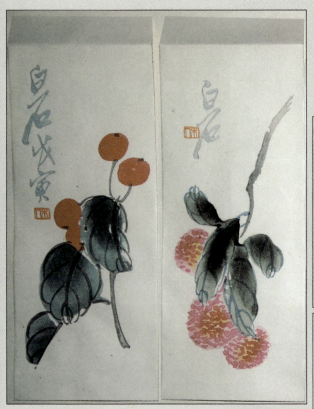

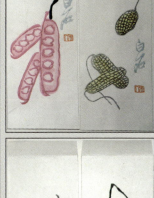

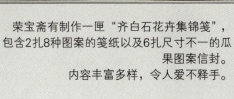

荣宝斋有制作一匣"齐白石花卉集锦笺"，包含2扎8种图案的笺纸以及6扎尺寸不一的瓜果图案信封。
内容丰富多样，令人爱不释手。

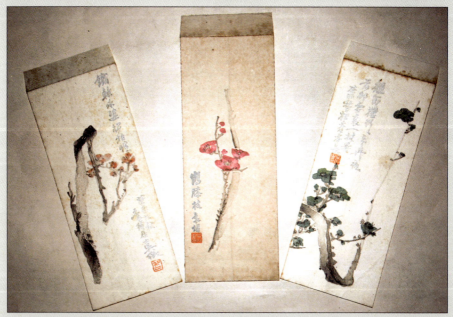

上图：荣宝斋有博古信封一套8款，每一封面摹写3种博古彝器，画面凹凸有致、设色高雅。
下图：各色信封之中，以花卉图案最为普遍。吴征善画梅，
　　　铁干虬枝，花如缀玉，他的梅花图印于信封上，很显高雅。

明詩第六 此評古之詩立正齋梁鍾嶸詩品爰矣

大舜云詩言志歌永言聖謨所析義已明矣是以在心為志發言為詩舒文載實其在茲乎詩者持也持人情性三百之蔽義歸無邪持之為訓有符焉爾人稟七情應物斯感感物吟志莫非自然昔葛天氏樂辭云玄鳥在曲黃帝雲門理不空綺至堯有大唐之歌舜造南風之詩觀其二文辭達而已及大禹成功九序惟歌太康敗德五子咸怨順美匡惡其來久矣自商暨周雅頌圓備四始彪炳

見原道篇

文心雕龍上　　十三

儒揔詩附之義我詩懷之昏訓云為持此詩者持之昏訓也本出千古詩持之刊字雅切浮之宗人説詩聲持不刊此蓋宗人元不知詩為何之謂物態始曰詩以自然為宗即此之謂未鑿儀曰術當怍狀梅子庾曰慮一怍章曹能始曰達者自然也

凌云刊印的五色套印本《文心雕龙》，非为炫华，实有益于读者诸君观览。

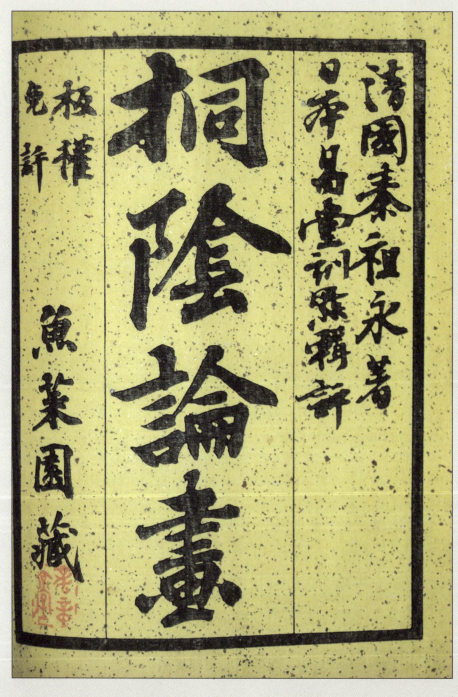

日复刻版《桐阴论画》，除原同治版本内容外，纂辑书中所提书画家相关之资料，以墨印增印至原题识之上，且注明数据来源。

一头栽进故纸堆，悠游古旧书海，

有如蠹鱼喜爱在书堆间穿梭。

怡然自乐，且乐此不疲。

究竟是何道理，自己也莫名所以。

——袁芳荣《古书犀烛记》

目录

序一

十余年来往北京、台北两地，明显地看出两岸旧书业发展的不同情趣。前者形成拍卖公司一枝独秀的景况，连琉璃厂、潘家园，乃至于大陆的旧书店都以拍卖价格为书市的行情；台北则是二手书店愈来愈多，纷纷和新书店的装潢看齐。农历正月初五，闲逛到台湾大学附近的书店，往校门的正对面望去，某栋大厦二楼整面落地窗，面对罗斯福路，陈列几排封面平摆的书架，夜景下非常显眼，不由得为之眼睛一亮。通过行人地下道，过去瞧个究竟！可惜店中的旧书，几乎都是近二十年出版的二手书，书店中央展示柜，陈列的是最近的新书。以折扣和装潢取胜的二手书店，只有加入比新书店优惠的新书。

有趣的是，有位在台北媒体工作的朋友，四年前在永康街与师范大学之间的老社区，创办一家 1945 年后早期出版品的旧书店。店主交游广阔，不到半年，便已经声名鹊起，加上书店的旧书来源，来自书香门第，每次我回台北都会过去拜访。农历春节某天傍晚，我抽空前往，不料在店门前，遇到正要去上班的店主，似乎有事要问我。寒暄了几句，连忙一起坐到店中的沙发上。再聊一会儿，可以看出他脸上困惑的表情，原来是他担心台湾地区的出版历史不长，假如旧书都被外来的人士买走，岂不无法满足本地顾客的需求。其实这是一个鸡生蛋、蛋生鸡的问题，古旧书和顾客的来源，才是核心问题。我的困惑则是：尚不知如何为《古书犀烛记》定位？所幸书中附录的《回忆台北古书店》，让我回想起近二十多年来，台北古书店前十年的发展经过。

两岸将要开放探亲之前，我曾借由每年7月香港书展之便，在实用、神州等旧书店，接触到大陆版的文史旧书，以及清末民国时期的线装书，打开我淘书的新天地。从此除了通过书目邮购外，更想到大陆购买。等到1988年10月，进一步开放两岸学术交流，我和秦贤次、应凤凰等人，通过香港中文大学卢玮銮教授的推荐，参加在上海举办的中华文学史料筹备会议，成为第一批学术交流访问团成员。也许因为我们不具正式教职的身份，所以办法一公布，马上顺利成行。当时的福州路的上海古书店，破例开放内宾销售区，让我们过足书瘾。来年8月底，更是我首次拜访琉璃厂，从此北京、上海等地的古旧书店，成为我前往大陆唯一的理由。

有缘的是，在我前往香港淘书的同时，林汉章刚好成立百城堂。当时台北的旧书业，还未到大陆进货之前，百城堂可以说是先驱。加上他在开业之前，自己就是个收藏家，已经具备丰富的文史知识，很快我就成为他的熟客。他同时带动台湾地区的旧书业，促进古旧书业提升质量和多元化。经常和他来往，让我对古旧书业的未来，充满了憧憬。于是在他的协助下，促成诚品书店古书区（1991年7月成立于敦化南路店，1997年7月停业）于1992年10月4日举办第一届台北古书拍卖会。后来陈建铭负责古书区后，我和林汉章又协助他，举办了3次古书拍卖会。

诚品书店古书区运作期间，每年至少到大陆淘书两到三回，参加过中国书店的古籍书市；同时见证潘家园旧货市场的发展。当时潘家园旧货市场才刚刚形成，周六在三环的立交桥下，周日则延伸到大街上，长达一千多米。但是线装书比较稀少，而且以针对香港和台湾地区顾客的中医等类为主。可惜我对古玩不熟悉，并且我已经将自己的范围，设定在藏书票研究与收藏。2002年12月，我到北京筹备公司半年多，某天接到韦力的电话，咨询藏书票的设计与制作。我们平时虽然不常见面，他却介绍谢其章给我认识。此后多年，老谢和我，以及赵国忠、柯卫东等人，每回周六逛完潘家园后，便到附近的餐厅共进午餐，闲聊彼此最近和当天淘书的战果，其乐融融！只是当时的旧书摊，已经难得见到我感兴趣的线装书，主要以民国时期的书刊为主。如今随着旧书日渐稀少，古书价格节节攀升，我们也很少在潘家园见面。

2011年元月底，我应邀在时报《人间副刊·三少四壮》开专栏，从5月中旬开始刊登，每月一篇，为期一年。事前先订出二十多个题目，大多和两岸旧事业有关。只是等到交出几篇文稿以后，觉得太偏向专业，缺乏个性和情趣。不过为了寻求淘书的愉悦，加上近十年面对两岸不同价值观，倒产生一种别样感悟。于是我每次返台期间，几乎有将近两天的时间，泡在百城堂，除了琼瑶《窗外》初版本，淘书的范围扩展到签名本、信札、手稿、毕业纪念册和老照片。

更值得一提的是，袁芳荣被推荐给我认识。刚开始只感觉其人虽然自公职退休下来一年多，却没有一点官场的习气。提及诚品书店古书区拍卖会，由于当时我和他不熟，我只好和林汉章相视微笑。但是我上他的"故纸堆蠹鱼"博客后，发现他的文风，和我有几分类似；而且不像研究古籍的人士文章以史料和专业学识为主，更多的是反映他的淘书情趣，和相关版本的探索之旅。后来他将所有书稿委托我希望能够出版。尽管大陆书话性质的随笔，还处于方兴未艾之际，不过有关古籍方面，大多来自专业著作，与袁芳荣的特点大不相同。经过半年多的衡量，没想到推荐浙江大学出版社，书稿交过去没多久，就同意出版。

从袁芳荣淘得的第一部线装书——明版五色套印本《文心雕龙》，着重于古书的版刻之美，便可知他的起点不低。歌德说："'美'需要用，'用'则会自我增长。"关于这一点，我们从本书的内容编排，就可以知晓。在此再举一例：早在20世纪70年代后期，我在东吴大学中国文学系求学期间，就知道南雅印刷工艺厂，当时它们出版的信笺，已得到系上师长的赞许，而且符合我们对于传统文化的追求，只可惜毕业后忙于谋生，没有维持下去。怎知他于1993、1994年间，旧香居在金华街的时候，买到一套1962年该厂出版的15周年纪念信笺。从套印本和信笺开始收藏，20年后卓然有成，同时让我回顾四分之一世纪以来，两岸旧书业的变迁，不亦快哉！

虽然目前古书的价格，高不可攀，而且袁芳荣的藏书仅有一个书橱，但是他在书中呈现的淘书情趣，与古书版刻之美，可谓有志者，事竟成，值得爱书人细细品味，及时设定自己的收藏范围。我们也可以和他一样，就像本雅明说：所有藏书方法当中，最好的就是自己写书。

吴兴文

2013.04.02

序二

约十年前，吴兴文兄向我出示了几册台湾地区的古籍拍卖图录，看到图录我才知道，早在大陆 1993 年首场古籍拍卖之前，台湾地区已经举办过几场这样的专题拍卖。中国古籍拍卖专场，之前我知道纽约办过一场，然一场之后就无疾而终，据知情朋友介绍，那场拍卖会办得不很成功，成交率不高，拍出去的也大多是以底价成交。从那时起，我对中国古籍拍卖就形成了一个思维定势，认定古籍拍卖的市场只会在大陆，而别的地方只有少量专家去研究，普遍意义上的市场恐怕是很难谈得上。然而台湾地区举办的这几场古籍拍卖，按吴兴文兄的说法，还是人气很旺，只是后来因为货源枯竭才逐渐式微。我细看了这几本图录，从拍品侧重面上看，举办者似乎偏重于经部小学类的典籍，这倒是很对我的口味。从清中期开始，经部小学类就逐渐大热，成为学术界的显学，这股热潮直到民国初年仍然兴盛，后因社会变革，尤其新文化运动兴起以后，这股热潮才渐渐歇息；而以前藏书家不甚看重的戏剧、小说等文学门类和版画反而登堂入室，成了藏书的热门品种。然余不佞，独持迂论，认定经部之著作乃中国独特的人文精神所在，是凝聚华夏民族思想的主干体系，因此经部之书的收藏为中国传统典籍藏书的首选之品。近三十年的个人藏书史，虽致力于此，然时代的变迁，非个人的思想观所能抗拒者，至今所藏中，有许多重要版本仍不能该备，每每思之，叹息再四。

古籍拍卖的出现，彻底打破了中国古书流通的传统模式。前辈藏书家那种悠然品书的情致彻底荡然，取而代之的是高效率的码金竞价，公开合理而不近人情，然而市场不以人的意愿而改变，它左右着初期步入市场经济的大陆爱书人的藏书观。近二十年来，中国典籍中的殿版书、红兰印本、明白棉纸本、套印本以及清三代精刻本等版块价格一路上涨，唯独传统藏书家最为看重的正经、正史，除宋元珍本外，基本未受到应有的青睐。台北在大陆之前举办的这几场古籍拍卖会，虽然在图录印制上相比大陆略显简陋，然而以学术价值来决定藏书的方向，确实是很值得肯定的着眼点，这种拍卖会至少是对收藏方向的一个正确引导。

前一段，吴兄拿给我一份书稿印样，命我附赞序言于本稿之上，于是将书稿浏览一过。这份书稿首先让我感兴趣的，是本书作者的大名袁芳荣，我看到这个名字的第一反应，就是想他跟袁芳瑛有什么关系。袁芳瑛是晚清湖南首屈一指的大藏书家，他的乡贤叶德辉说过："咸丰时，东南士大夫藏书，有名者三人：一朱学勤、一丁日昌、一袁芳瑛。"黄濬在其《花随人圣庵摭忆》中赞袁芳瑛曰："其生平有一大事，则为藏书，号为近代第一。"还有人认为袁芳瑛卧雪庐所藏其质量远在清代中后期四大藏书家之上，我个人窃以为有些过誉，但卧雪庐所藏为咸丰年间数第一流的质量，则当是不争的事实。若本书作者芳荣兄为袁芳瑛之后，则其藏书渊源有自矣，那他的藏书观也必定是老一辈的传统眼光。将书稿前的作者自序细读一过，未能找到与卧雪庐主的相关序语，转念思之，才意识到自己犯了一个低级错误：早在一百多年前，袁芳瑛已先逝，怎么可能跟本书作者同为"芳"字辈；退一步想，约二十一年前，袁芳瑛的后人袁荣法将家中藏书全部捐献给了台湾地区的公立图书馆，当年也是在业内引起轰动的一件大事。若芳荣先生真与之有关系，在本书序言中不可能不提及。

我对本书最感兴趣的地方是作者的藏书方向和分类方法，藏书是个很私人的事情，环肥燕瘦，全由自己的价值观来决定藏品取舍，但在分类方法上，似乎还是应当按照正规的路数出牌。然而在本书中，作者将自己的藏书分为八个门类，每个门类作一个章节来论述，这种分类方法既不按传统的四部分类法，也不同于今人所喜闻乐道的藏书热点。在这八个章节中，起篇第一章竟然是笺谱，依次当而下之的则为墨谱、套印、图咏，尤其难以让我苟同的是日本的和刻古籍竟然排在了中国的明清刻本之前，即使到了近现代，相关专家学者编纂古籍藏书目录时，和刻本或者其他域外汉籍，都只能排在中国同类典籍的最后面，由此可见作者藏书观之大胆。

笺谱本是古代纸店或文房用品店出售笺纸的样本，从严格意义上而言它算不上是一种书籍，到了上世纪三四十年代，经鲁迅、郑振铎等人的大力提倡，笺谱才成为藏书家们关注的一个门类。他二人合作完成的《北平笺谱》，总计发行了二百部，前一百部是编号签名本，这前一百部成了近几十年来，藏书家们重点追求的藏书品种之一，二十余年来我仅看到过其中的八部，而所得仅为其一，想想很是惭愧，有时想若能将这一百部编号签名本摸清楚今日所藏之处，并写出一本相关的目录，岂不也是件有意义的事。

笺谱由不入流逐渐变为竞相追求的珍本，由此展言开来，可见藏书无定法。前贤曰：笔墨当随时代。若将笔墨二字换为藏书，也是应当能够成立的一句话，我的藏书观虽然难以跟得上时代，然若他人能够有自己的独特见解和藏书路数，亦不失为自己独特的视角和品味。我觉得只要藏书人能够有自己的想法与思路，并且能长期收藏下去，且能持之以恒地研究，那也就会逐渐形成自己独有的藏书特色。若能像作者这样进而形诸以文，阐述自己的收藏理由和观念，这也就成为了自己独特的藏书观，比我这种述而不作无创建的藏书路数高明许多矣。由是观之，我臆想，这很可能正是作者想要在本书中表达的观点，尽管这个观点我不能完全苟同，但这并不影响作者对待自己所藏古籍的独特视角的阐述。

韦力

2013.01.03

自序

一头栽进故纸堆，悠游古旧书海，有如蠹鱼喜爱在书堆间穿梭。怡然自乐，且乐此不疲。究竟是何道理，自己也莫名所以。

中国文化博大精深、浩瀚无涯，赖以传承的载体，以书最具影响力。有一出以藏书楼为背景的连续剧——《风满楼》，里面有段话说："书是文明之源，是先贤圣德，是上古流传下来的大道。""先人以文载道，以书载道，千古精神才得以传承下来，因此要尊书爱书，虔诚得像对祖宗一样去膜拜它。"我对书的感觉亦是如此，所以爱书尊书的心理不知什么时候它悄悄地就产生了。

我出生于台湾南投县水里乡，在这偏僻的乡下地方，年轻时期能接触到的书籍，除了教科书之外，就是从学校图书馆里借阅的历史小说，例如《隋唐演义》、《薛仁贵征东》、《七侠五义》，等等。对于这种有历史背景的故事情节，我总是入迷不已，百看不厌，不知道是不是这样的熏陶，或是本性使然，在买书藏书方面，我一直都有厚古薄今、倾中排洋的心理。

我买书的历史并不长，那是中年以后才有的事，在那个星期六还需要上半天班的时代，逛逛古旧书店，是每个星期六中午下班后打发时间的方式。当时光华桥下的书摊是必逛之地，旁边的新光华商场也都要走上一遭。我记得我买第一部古籍就是在新光华商场地下室的百城堂书店，一部明版的五色套印本《文心雕龙》，约花了我一个月的薪水，一出手就很重，现在回想起来，胆子不小。当时对于古籍版本一窍不通，但是潜意识里对这种有些年代的版印书籍的纸香墨味却深为着迷，总把它们当做艺术品看待，更何况这部套印本五色印制，色彩斑斓，是古代刻书工匠们的精心杰作，从此打开了我收藏古籍的门径。

我喜欢到百城堂逛逛，几乎每星期都会去，因为书店主人汉章兄会跟我聊版本、聊收藏，每去一次就觉得功力又累积一层。在百城堂的书堆中寻书，我都把它想象成是在民初的琉璃厂，憧憬着爱书人与店主人谈书论交的情况。直到现在，我都还怀念当时他每每从抽屉中抽出一叠书来说"好东西"的那一幕幕景象。

除了百城堂，台北地区还有几家贩卖古书的书店，其中较具规模的是敦化南路诚品书店附设的古书店，那里还曾经举办过四次古书拍卖会，可谓盛况一时，但终究无法继续营运而收场，非常可惜。我写了一篇《回忆台北古书店》，记录了当年我走过的几家书店，那充满古墨旧纸的书香，仍然时常萦绕在心中深处。

古籍的书价高，收藏本来就不容易，多年来节衣缩食为藏书，勉力仅止一小橱。而近几年，大陆古籍拍卖行情骤然红火，令人吃惊，已非薪水阶级如我者所能盼望的了，所以一小橱仍然还是一小橱。而且因为工作的关系，都没有时间去翻阅、去了解这些藏书的内容，只能偶尔拿出来闻闻那迷人的古书味道，或是看看书里的版画插图，稍解隐藏心底深处的那股嗜古情怀而已。

2009 年 7 月，我提前从公务机关退休，一方面是那不受羁绊的自由灵魂在作祟；另一方面也可能是那一小橱的古籍在呼唤，它似乎在呼唤说："藏而不读，不如不藏。"所以退休后我主要的时间都花在整理翻阅那一小橱书籍，以前欣赏它的版刻、它的纸墨、它的装帧，当成艺术品来看待，现在终于有点时间可以翻一翻它的内容了。但是古籍的特点就是文言文书写，而且全无标点，读起来不容易，更何况我本不具文学底子，要读顺它何其困难，更不用说是要读懂它了。

不过，古籍的魅力就在这里，一册在手，看着发黄的纸、版印的字、木刻的图，愉悦的心情油然而起，根本舍不得放下它，于是就这样读着读着，也读出兴趣来了。读古书首先要学会断句，才能正确琢磨句中的含义。这是一种磨炼，好像回到学生时代上语文课一样，只是现在没有了老师的口授指导，完全需要自己用心去体会，若遇到了艰涩难懂的字句，还需要利用各种工具去查询，以明其意。在研读的过程中，常常会遇到一些与内容相互牵连或引申演绎的情形，需要寻找更多数据加以充实或验证，因此上图书馆的机会比以前增加许多。这种自由读书的日子和以前朝九晚五的上班截然不同，别有一番乐趣。

我有时候也会思忖着，以我一个文学门外汉来研读这些古籍，会不会太不自量力了，尤其经史典籍，通常都是学者们在研究，我如何读得来呢？还好我原来收藏这些古籍，都因为它的版本趣味吸引我，所以正经正史收藏并不多，现在研读的方向仍然以书籍的趣味性为主，而不在它的学术性，在心得写作上，也就比较自由而不必有如撰写论文般的严肃了。退休至今已三年，心得累积数十篇，今将其出版，权充退而不休的明证。

《晋书·温峤传》里有个故事，温峤有一次到武昌的牛渚矶，这里水深不可测，传说水面下有许多怪物，于是温峤就点燃犀角当作烛火来照明观看，不一会儿，就看见水里面许多奇形怪状的动物纷纷扑向烛火，这就是犀烛典故的由来，以喻洞察事理。

我以"犀烛"名书，倒不是说书里的内容都已经弄清真相，而是要以此自勉，下笔之前，多方搜寻相关资料，努力研析，务求尽量周延。但是限于个人才学之不足，疏漏讹误恐怕难免，尚请方家不吝指正。

第一章

笺谱

闲话"笺纸"

"笺纸"究竟是个什么东西？现在恐怕很多人都不知道了，或者就将它和现在使用的信纸混为一谈，认为就是那么简单无趣，而对于它在历史上的璀璨过去，却一无所知。曾几何时，"笺纸"一物也随时代巨轮的滚动而湮灭无存了。

笺纸，简单地说是精美小巧供题诗写信使用的纸张，以手工制作，经过染色、加料、研光、洒金银粉，或刻印图案等各种手续完成的五彩缤纷、琳琅雅致的小幅纸张。用以书写信札叫"信笺"，用以题诗吟咏叫"诗笺"。有人将藏书票称为纸上宝石，则称笺纸为纸中美玉亦不为过。

纸自东汉蔡伦发明改良之后，逐渐普遍使用；而"笺纸"之作，自唐朝开始，各朝都有各种名称及花样。

唐朝：

宋朝苏易简《文房四谱》中说："唐薛涛尚斯色而好制小诗，惜其幅大不欲长剩之，乃命匠人狭小为之，蜀中才子既以为便，后减诸笺亦如是。"薛涛字洪度，浣溪自制深红小彩笺，裁书供吟献酬，时贤谓之薛涛笺。明朝屠隆在《考盘余事》中亦说："蜀妓薛红度以纸为业，制小笺十色名薛涛笺，亦名蜀笺。"唐人最尚蜀笺，而蜀笺最尚杂色。

宋朝：

《考盘余事》中也说："宋朝有澄心堂纸、碧云春树笺、龙凤笺、团花笺、金花笺、鄱阳白、藤白纸、观音帘纸、鹄白纸、蚕茧纸、竹纸、大笺纸、彩色粉纸。"明朝高濂《燕闲清赏笺》中说宋有印金团花并各色金花笺纸。

元朝：

元朝费著《蜀笺谱》中说蜀中乃尽用蔡伦法，笺纸有玉板、贡余、经屑、表光。另有百韵笺可写诗百韵，青白笺背青面白，学士笺长不满尺，小学士笺又半之。《考盘余事》中说元朝有彩色粉笺、腊笺、黄笺、花笺、罗纹笺，皆出绍兴；白箓纸、观音纸、清江纸皆出江西。《燕闲清赏笺》中说元朝有临川小笺纸。

明朝：

明朝是极讲究笺纸的朝代，各色笺纸琳琅满目。《考盘余事》中说江西铅山出奏本纸、浙江常山出榜纸、江西临川出小笺纸、浙江上虞出大笺纸，大内用细密洒金五色粉笺。当时印金花五色笺、磁青纸、无纹洒金笺亦甚流行。松江潭笺不用粉造，以荆川连纸褙厚研光用蜡，打各色花鸟，坚滑可类宋纸。

孙燕诒于崇祯二年（1629）的记载中说："辛丑壬寅（万历二十九、三十年[1]）以来，多新安人贸易于白门，遂名笺简，加以藻绘，始而打腊，继而揩花，再而五彩。"可见明代笺纸之多样华丽，在当时已有明确的记载。

---

[1] 即1601、1602年。

清朝:

清初,仍承袭明代遗风,笺纸之作仍然十分盛行,李渔的芥子园名笺,设店于金陵承恩寺前,门口悬挂"芥子园名笺"五字,有韵事笺 8 种、织锦笺 10 种。乾隆年间怡王府的角花笺亦甚有名,在纸幅下角刻印精致细巧的彩图,令人不忍释手。道咸中叶以后,流行小笺纸、小信封,不出巴掌大小,亦盛极一时。清末南纸店林立,笺纸之制作非常普及化。

在实物上,笺纸之制造者,不但致力于各色彩笺的创新研究,并且将其售卖之各色笺纸汇集成册,称为"笺谱"。除做推广宣传之外,因笺谱制作精美,原为日常用物已提升到艺术层次,且利于珍藏流传。

"笺谱"之制始于明代,亦盛于明代。数百年来,这一项艺术史上的珍品,流传至今的,有天启六年(1626)《萝轩变古笺谱》及弘光元年(1645)《十竹斋笺谱》,是艺术史上至今仍然可见的两颗明珠,依旧闪耀着五彩光辉,眩人耳目。另外有约 1650 年的《殷氏笺谱》,但此谱目前只留其名而已。

清朝南纸店为作宣传,也有以笺谱形式发行,如天津文美斋于光绪十九年(1893),以红色单色印制《文美斋诗笺谱》一册;宣统三年(1911),以张龢庵所绘百花图,刻印五色《百花诗笺谱》,绘刻印俱精,集清末笺纸之大成,是有清一代最受注目之笺谱。

民国初期,笺纸仍然是百姓的重要日常用品之一,南纸店仍然盛行,纷纷聘请书画名家绘图,精工刻印,一时蔚为大观。但随着时代的改变,自来水笔取代毛笔,机器造纸取代手工纸以后,传统笺纸就逐步走向消失之路。幸而当时鲁迅、郑振铎等人有感于此一艺术正逐渐消失,亟力拯救倡导。1932 年 2 月 5 日,鲁迅在写给郑振铎的信中即说道："去年冬季回北平，在琉璃厂得了一点笺纸，觉得画家与刻工之法，已比文美斋笺谱时代更佳，譬如陈师曾、齐白石作诸笺，其刻印法已在日本木刻家之上，但此事恐不久将消沉了。"

因此，在他们极力奔走之下遂有 1933 年《北平笺谱》之刊印、1942 年《十竹斋笺谱》之重刻。另外，北平荣宝斋于 1935 年印行《北平荣宝斋诗笺谱》；四川诗婢家于 1943 年印行《郑笺诗谱》500部、1945 年再版 500 部编号发行；1952 年 7 月荣宝斋又重刊《十竹斋笺谱》；1953 年 10 月荣宝斋再刊印《北京荣宝斋新记诗笺谱》，为此一传统艺术留下丁点余韵。

日本东京图本丛刊会于 1923 年重刊《萝轩变古笺谱》下册，由于缺乏上册相关数据，造成郑振铎对此谱作者及年代之误判，以为是康熙年间物。直至 1963 年，上海博物馆征集到清代海盐人张宗松清绮斋旧藏此谱足本上下 2 册（清绮斋书目史部食货类有著录），始知此谱系明天启年间江宁人吴发祥所刊印，比《十竹斋笺谱》早了 19 年。1981 年上海朵云轩重刊《萝轩变古笺谱》上下 2 册，限印 300 部编号发售，至今也已经是难得一件的珍品了。

从一套南雅信笺说起

大约是 1993、1994 年前后，旧香居还在金华街的时候，我在那里买过几十张信笺，有回文诗图如秋叶、梅魂、协律、八音等，有杨岘（1819–1896，字庸斋，号季仇，晚号藐翁，书法属北碑派）72 岁时所写书法如千金寿、千岁鹤、禄福长、暇豫、加餐等。其中还有一套 1962 年印的"南雅印刷信封工艺厂开业十五周年纪念"信笺（图 1），一套十张，但对于"南雅"，我当时是一无所知。

和其他信笺相比，这套"南雅"除了第一页有梁寒操先生朱笔题识之外，其余各页都只是浅灰单色的图案（图 2）。初看色调平淡无奇，并不起眼，但因其图案采自鼎彝铜镜，纸张也是手工宣纸，并已有 30 几年岁月痕迹，仍然深具传统信笺的韵味。最特别的是梁先生的题字，可以知道这套信笺是在台湾所印制的，和其他如荣宝斋、清秘阁、九华堂等北京上海南纸店印制的信笺相比，更具收藏价值，因此也将它一并纳入收藏。

1994 年 7 月间，台湾"《中国时报》"有一篇报道《南雅情怀故国风——古信笺痴人李其复的故事》，其中"古信笺"这几个字吸引我的注意，从这篇报道中才让我对于南雅有了一点认识。但是令人遗憾，之所以会有这篇报道，是因为南雅的主人李其复先生已于当年6月25日去世了，《时报》感念他终其一生对信笺信封文化的坚持，通过这篇报道予以追思怀念。

看到这篇报道，让我想到了前些时候买到的那套信笺，终于知道它的出生来历，但也知道生它的人已经不在了，心中满是遗憾，遗憾在知道的太晚。后来我打听到南雅的地址在中山北路六段，心中还想着，南雅应该还有一些深具古风的信笺吧，应该上门去看看。

某一天，终于第一次踏进南雅的大门，在店里的人是其复先生的长子李士林先生。那已是十几年前的事了，当天谈话的内容现在印象已模糊，只记得店里已没有像开业15周年纪念信笺同样的东西可买了，但士林先生赠送一套"戆卢主人李其复先生追思纪念"信笺给我。这是1994年7月17日李老先生告别式上赠送亲友的，这套追思纪念信笺稍稍弥补我当时来不及参与的抱憾，我珍藏至今（图3）。

最近，重新翻阅整理所收的古籍、信笺时，又翻出了那套开业15周年纪念信笺、《时报》的那篇报道以及戆卢主人李其复先生追

思纪念信笺。这三样东西又唤起我对南雅的一分怀念，仔细看了其中的内容，也发觉里面有些问题想再进一步弄清楚，例如 15 周年纪念信笺是用什么方法印制？上面的图案通过灯光却更能呈现其韵味（图 4）；又例如梁寒操先生于 1962 年题开业 15 周年，则南雅应该是在 1948 年开业，但《时报》的报道说李其复先生是在 1950 年开办南雅信封工艺社，这其中也有

❹

时间上的出入，于是又兴起再到南雅走一趟的念头。

2009 年 9 月 28 日星期一，天气微阴微雨，下午搭捷运到芝山站，再步行到中山北路六段。再度踏进南雅的大门，向士林先生表明来意，并拿出那套信笺及剪报，我想士林先生目睹这些东西心里也会有所感触吧。承蒙他及夫人热情接待，畅谈南雅的过去和未来，在闲谈中也解决了我心中的疑问，我终于知道那套 15 周年信笺是用锌版印制的。临走前士林先生还赠送我一套开业 50 周年纪念信笺、南雅印制的《李长吉集》及《赵孟頫法书后赤壁赋》2 本线装书（图 5），以及几张为纪念董作宾先生逝世 20 周年而制作的甲骨文小卡片，让我心里及行囊都饱饱满满地步出南雅的大门。

李其复先生（1918–1994），福建惠安人，1946 年来台，从日本人手中接收士林电工厂电池部门；1948 年因志趣不合离开，自行创业，以手工制作信封来贩卖；1950 年正式成立"南雅信封工艺社"。这就说明了 1962 年举行 15 周年庆是以 1948 年自行创业开始起算；后来南雅在 2000 年时举行 50 周年庆（图 6），却又是以正式成立"南

雅信封工艺社"的时间开始计算。但不论从何时起算，南雅至今都已经超过一甲子了，而且这其间还有一段极为辉煌的文化岁月。

1956年，南雅门市部搬到沅陵街，除原有的信封商品外，也开始办理印刷业务，因此改名为"南雅印刷信封工艺厂"。有一次郎静山先生来南雅要印些东西，觉得南雅的纸类印刷品深具中国文风，甚感兴趣，与其复先生相谈甚欢，结为忘年之交。经由郎先生的关系，其复先生认识了一批文化界顶尖人物，包括画家、学者、文人等，经常在戆卢聚会。李士林说，当时戆卢真是人文荟萃之地，这一批文化界人士大约四五十人，都是当时的风云人物，南张北溥都是戆卢座上客呢。这些人士也提供自己的作品或收藏给南雅作为印制信笺、信封、书卡以及复制画之用，在这种得天独厚的条件下，南雅商品的文化品位在当时可是独树一帜的。

这些文化界人士灌溉南雅文化养分，而李其复先生也在适当时候对这些老朋友表现情义与友谊，例如董作宾先生当时从大陆带来一些笺谱资料及图案，提供给南雅作为印制信笺信封的参考，对其业务有很大帮助。1983年董作宾先生逝世20周年时，其复先生特别以董作宾甲骨文字书写"太上立德，圣人无象"书法制作一张小卡片，作为纪念。虽然文人情谊纸一张，却是代表怀念无限（图7）。

蒋中正先生60华诞时，南雅被台北"故宫博物院"选定印制祝寿信笺，这在当时可是无比的荣誉。李士林说，当时还从德国请来专家作为技术指导，可见质量要求之高。

他记得这套祝寿信笺印制200套，现在已无从得见。这个信息真是让我这个嗜喜笺纸的人心痒，不知是否还有机会可以一见这套有特殊意义的逸品。

现在走进南雅，已经看不到昔日的风光了。李士林颇有感慨，由于社会的变迁，传统印制的信封信笺已经不再受到重视，而南雅

董彦堂先生逝世廿週年纪念

癸亥冬嘉安李其复敬製

也早已不再印制了，当年这些都是日常用品，现在已少有人用。像我这种把它当成艺术品收藏的人寥寥无几，文化日渐式微，也让人无可奈何。南雅的印刷业务早已计算机化，虽然穷则变、变则通，但言谈之间也感觉到李士林对这一行业前途的忧虑。南雅从传统信封制作行业起家，经历文化熏陶与加持，立足于台北文化界，虽然最后因时势变迁而风光不再，但这文化一脉的传承却是台湾不可缺少的资产，希望能有更多人予以重视。

顺便一提《李长吉集》。《李长吉集》的版本很多，士林先生送我的这本是南雅的影印本，而其影印的母本是光绪十八年（1892）叶衍兰70岁时的手书刻版本，这本影印本后面有叶公超1969年的跋，说明这母本如何从大陆辗转经香港再转寄台湾影印出版的经过。叶衍兰（1823—1897），字南雪，号兰台，咸丰六年（1856）进士，官至军机章京，他是叶公超的曾祖父。叶公超在跋中对曾祖父的书法赞赏有加，他说："所作小楷精深华纱，深得晋唐逸韵，自始至终，真气弥满，无一懈笔。"因为有这篇叶跋，这本《李长吉集》虽是影印本，也可视为台版的初版本了。

《萝轩变古笺谱》

　　《萝轩变古笺谱》是目前年代可考的最早一部"笺谱"，明朝天启六年（丙寅年，1626）江宁吴发祥所作，版心框高 21 厘米、宽 14.5 厘米，白口，四周单栏。

　　此谱分上下二册，上册 51 页（102 面，包含天启丙寅年颜继祖笺谱小引 3 页、目录 1 页、画诗 10 页、筠篮 6 页、飞白 6 页、博物 4 页、折赠 6 页、琱玉 6 页、斗草 8 页、杂稿 1 页），下册 45 页（90 面，计目录 1 页、选石 6 页、遗赠 4 页、仙灵 4 页、代步 4 页、搜奇 12 页、龙种 4 页半、择栖 5 页半、杂稿 4 页），总计笺谱图画共 91 页 182 幅。

　　此谱流传甚罕，至 1923 年始由日本学者大村西崖主持的东京图本丛刊会找寻到下册残本予以复刻。因缺少序引等资料佐证，当时郑振铎先生误认为是清康熙年间浙江钱塘人翁嵩年（字康饴、号萝轩）所作，认为他的制作方法全仿胡正言，饾版拱花技术几乎一样，不过其工致精彩处都能追得上十竹斋。

　　直至 1963 年，上海博物馆馆长徐森玉先生在浙西发现《萝轩变古笺谱》全本，这是清代海盐人张宗松清绮斋旧藏（图 8），上海博物馆以明清书画 16 帧易此孤本，成功征集到《萝轩变古笺谱》

上下册，始从颜继祖小引中揭开真相，此"萝轩"系江宁人吴发祥，刻印的年代是明天启丙寅年（1626），早于十竹斋19年。

此书上册前有天启丙寅年颜继祖所撰《萝轩变古笺谱小引》。颜继祖系福建漳州人，万历四十七年（1619）进士，对此谱的由来，他说："自结绳易书，笔墨传于楮上，及系离通问，笺柬出乎人间，或澡绘以争工，偏支离而入俗。于焉刻意标新，颛精集雅，删诗而作绘事，点缀生情。触景而摹简端，雕镂极巧，尺幅尽月露风云之态，连篇传禽虫花卉之名。大如楼阁关津，万千难穷其气象，细至盘盂剑佩，毫发倍见其精神。"

可见当时笺纸之制作已成流风，唯其争工入俗为恂恂儒者所不喜，于是吴发祥斥资刊印这一套笺谱，没有太多渲染，色彩典雅，朴实无华，充满文人气息。

《小引》中又说："少许丹青，尽是匠心锦绣，若干曲折，却非依样葫芦。"说明其中使用饾版拱花技法是匠心独运，谱中将此刷印技巧发挥到极致。

饾版印刷就是按照彩色绘画原稿的设色情形，将每种颜色分别刻一块板，一幅画可能刻成几块或几十块、甚至上百块板，然后再依照由浅到深、由淡到浓的原则，逐色套印，最终完成一幅彩色作品。由于这种分色印版类似筵席上的饾饤，因此这种印刷方式称为饾版印刷（图9、图10）。

"拱花"技法是一种不用色彩的印法，它是先将物象的轮廓用阴刻刀法刻在平面木板上，再将宣纸覆于版面上，上加薄毡，力压或轻敲，纸面就凸出了版上凹下的图像花纹，犹如今日关防钢印。这种凹凸版印压出来的花瓣脉纹、鼎彝瓶花图案，极其典雅清新（图11、图12）。

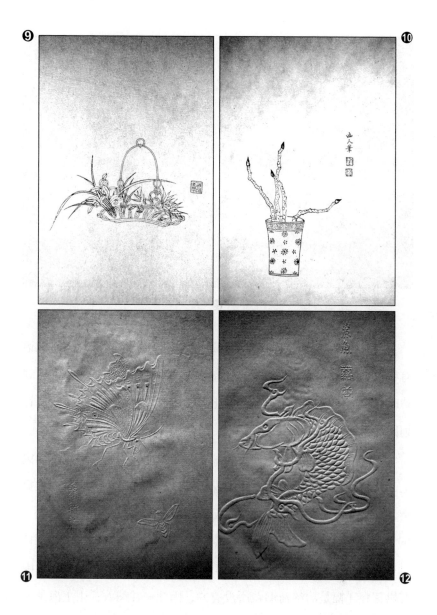

在此谱中，飞白、珝玉及龙种，都是用拱花技法印制，映着光线可以看到凸出线条的立体感。除此之外，拱花技法也用于其他饾版套印画面中，或行云或流水、或禽鸟或花草，两种技法搭配运用，更增添画面的美感与丰厚。（图13）

⓭

上海博物馆征集到清绮斋旧藏《萝轩变古笺谱》后，因感此谱有极高之文物价值，即与朵云轩商议复刻事宜，唯因工程艰巨规划费时，议而未定。继而十年"文化大革命"风起云涌，这一复刻计划因而中止。

1981 年为鲁迅先生百年诞辰，上海博物馆特将此部中国木刻史上具特殊地位的笺谱重新提出予以复刻以资纪念，由沈之瑜先生负责，请名鉴定家谢稚柳先生总其成。

清绮斋旧藏《萝轩变古笺谱》中，以拱花技法印制的"飞白"只有 8 幅。上海博物馆另于 70 年代初征集到一部残本上册，其中有拱花版 4 幅是清绮斋旧藏所没有的，因此一并纳入，由上海朵云轩进行刻印事宜。（图 14）

朵云轩指定由黎鲁先生负总责，各项工作分工如下：

摹绘：李慧珠、薛锦清、孙金祥、柳启芯。

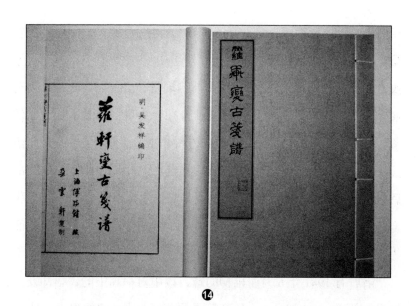

⓮

校对：刘士庸。

雕版：蒋敏、杜培明、曹晓堤、林燕莉、罗旭浩、鞠忠。

套印：张龙珠、王美琳、李桂英、吴国珍、沈伟宁、林玉晴、季奇珍、胡琴云、唐凌妹、夏佩珍、陶臻平、楼杏珍、翟光林。

刻印调度及装帧设计：苓久发。

在大家通力合作之下，不惜数易印稿，务求做到与原稿之神韵纤毫无爽、幅幅逼真，限量精印纪念本 300 部，在扉页背面逐一编号发行（图 15），使这一套行将失传的笺谱艺术巨著得以重现人间。

朵云轩复刻本前有 1981 年 4 月郭绍虞先生的序，郭时年 89 岁。当

⓯

年鲁迅、郑振铎编印《北平笺谱》时，郑振铎所撰的序，就是由郭绍虞书写的。郭在《萝轩变古笺谱序》中说："学有二，有个人专攻之学，有社会通力之学。"重刻此谱即是社会通力之学，必须有通才达识、关心社会文化者才能结合社会力量，锲而不舍完成任务。他所说的关心社会文化者是指方行先生，而他对首先发现此谱的徐森玉却没有太好的评语，他说："森老之力仅止于是。"此谱最后归藏上海博物馆，他说："森老固未必作此想也。"上海博物馆决定复刻此谱作为鲁迅百年纪念，他说："则非森老之力所能及，而为方行同志之措施，又明显之事实也。"

谱后有1981年6月谢稚柳的跋，跋中对徐森玉的评语却友善得多，他说："这部早于十竹斋笺谱的萝轩变古笺谱的发现，是60年代我国木刻版画界的一件大事，是徐森玉先生首先鉴定的，这是森老对保护祖国文物的一重大贡献。"

谱后另有1981年7月上海博物馆及朵云轩共同具名的后记，后记中对此谱复刻有一些叙述："……非但刻印技工有青黄不接之势，即材料采购亦多曲折。然而我们抱定'知难而上'的宗旨，采取分工协作的办法，在方行同志的创议和组织下，以上博从事编校，由沈之瑜同志负责，请名鉴定家谢稚柳总其成，汪庆正同志襄助。"

由复刻本的序、跋及后记中，对《萝轩变古笺谱》能够重新面世之来龙去脉及参与人员已有所了解，尤其摹绘、雕版、套印等技艺工作人员一一名列其中，更凸显此谱重行面世之意义。

《十竹斋笺谱》

《十竹斋笺谱》为明朝胡正言十竹斋所作。

胡正言，字曰从，徽州休宁人，流寓金陵，能书善画，室名曰"十竹斋"，以制笺篆印为业。除此笺谱外，尚有《十竹斋书画谱》一书流传，对提升中国雕版印刷艺术贡献极大。

《十竹斋笺谱》一般说法刊行于崇祯甲申年（1644），因谱内李于坚撰《笺谱小引》及李克恭撰《十竹斋笺谱叙》，均署年"崇祯甲申"。但谱内《如兰八种》中有一幅图，上题"乙酉春日十竹斋临周公调先生笔意"（图16），因此可知此谱全书最快应是完成于弘光元年（即乙酉年，1645）。

胡正言的书画及十竹斋的制笺在当时已颇具名气，李于坚撰《笺谱小引》中说："余素耽缋事，在菰芦中即闻曰从氏清秘之雅，久之宦游白门，始相与把臂。其为人醇穆幽湛，研综六书，若苍籀鼎钟之文，尤其战胜者，故尝作篆隶真行，简正矫逸直迈前哲，今海内名流珍袭不翅百朋矣。"

李于坚对于《十竹斋笺

谱》的新意尤其赞赏，他说："时秋清之霁，过其十竹斋中，绿玉沉窗，缥帙散榻，茗香静对间，特出所镌笺谱为玩，一展卷而目艳心赏，信非天孙七襄手曷克办此……盖凡古今典制、中外新裁，以暨高逸之伦、名胜之奥、欣欣卉木、翩翩羽虫，靡不缦烂天真，殊离刻意编摩，风韵一往深情。"他向胡正言索取一册随身携带，感觉更胜于执西子于湖上。

李克恭对十竹斋主人胡正言的人品也极为推崇，他在《十竹斋笺谱叙》里说："自十竹斋之笺后先迭出，四方赏鉴，轻舟重马，笥运邮传，不独江南纸贵而已。所以然者，非第重笺，因人以及笺也。人何人？斯斋内主人曰从氏胡次公也，次公家着清风，门无俗履，出尘标格，雅与竹宜。"

他认为饾版有三难，一是画须大雅又入时眸；其次则镌忌剽轻，尤嫌痴钝易失本稿之神；又次则印拘成法，不悟心裁，恐损天然之韵。他则认为《十竹斋笺谱》的制作严谨，十竹斋主人之精神独到，已超越此三项限制。他说："是谱也，创稿必追踪虎头龙眠，与夫仿佛松雪云林之支节者，而始倩从事，至于镌手，亦必刀头具眼，指节灵通，一丝半发全依削鐻之神，得手应心，曲尽斲轮之妙，乃俾从事。至于印手，更有难言，夫杉杙稷肤考工之所不载，胶清彩液巧绘之所难施，而若工也，乃能重轻匠意，开生面于薛笺，变化疑神，夺仙标于宰笔，玩兹幻相，允足乱真，拜前二美合成三绝谱成。"

《十竹斋笺谱》之刊行晚《萝轩变古笺谱》19年，其刊印技法也都运用饾版与拱花，但在李于坚与李克恭的《小引》与《叙》中却一点都未提及《萝轩变古笺谱》，是文人相轻还是商人见利？或恐两者皆是也。

《十竹斋笺谱》流传至今已成凤毛麟角，但不似《萝轩变古笺谱》已成孤本。郑振铎在《劫中得书记》中记载王孝慈藏有一部，后归北平图书馆；陶湘藏有一部，后售于日本文求堂；另闻上海狄氏藏有一部，但未得一见；郑氏本身经由传新书店徐绍樵之介购得一部。

　　此谱珍稀罕见，曾是郑振铎梦寐以求的三书之一，在他购藏之前，得知王孝慈藏有一部，即通过赵斐云商得王之同意，于1934年春末交付荣宝斋重刻。刻至第2卷时，孝慈卒，王家因经济窘迫，遂将此谱售于北平图书馆，以办理孝慈丧事。郑氏又得赵斐云之助，征得馆长袁守和之同意续借3、4卷，前后历时七载，于1941年6月重刻完成，这是《十竹斋笺谱》第一次重刻本。

　　此重刻本前有重刻牌记一页，写着："中华民国二十三年[1]十二月版画丛刊会假通县王孝慈先生藏本翻印，编者鲁迅、西谛，画者王荣麟，雕者左万川，印者崔毓生、岳海亭，经理其事者北平荣宝斋也，纸墨良好，镌印精工，近时少见，明鉴者知之矣。"

　　但参考荣宝斋美术网上的数据，当时雕刻者除左万川外，还有李振怀、张启和、张延洲等人，却未列名。印刷则出自徐庆儒一人之手，崔毓生是徐庆儒的师傅，岳海亭是荣宝斋的印刷指导师傅，两人都没有参与实际的印刷工作，却都挂名其上，反倒是实际付出劳力者默默无闻。幸好荣宝斋美术网根据实际情形补充了相关资料，使之留名后世。

　　画者王荣麟，即是已故荣宝斋木板水印艺术专家及画家王宗光先生，直至1989年他还作《补拙斋笺谱》200幅图，在自序里写

---

[1]　即1934年。

道："昔者，鲁迅与郑公亲自选编指导两谱之际，笔者有幸参加并任摹绘之役，忽忽半个多世纪了。"他的一生都投注于木板水印艺术，这种工作精神确实值得后人敬佩。

重刻本后有郑振铎于 1941 年 6 月 27 日所撰跋文一篇，由王剑三书写，对此谱之重新付刻经过，叙述甚详。

十余年后，此第 1 次重刻本也已不可得见。荣宝斋新记想要再版行世，郑振铎遂将之前从徐绍樵处购得胡正言刻本取出，对照之下，第 1 次重刻本所缺之页一一俱在，于是加以补刻，终于 1952 年 7 月完成全帙。此为第 2 次重刻本（图 17），书前增刊郑振铎 1952 年 5 月 14 日于北京所撰《重印十竹斋笺谱序》。另外在函套里贴有一张版权标志，上书"编者：胡正言，出版者印刷者：荣宝斋新记，经售者：国际书店，1952 年 7 月"（图 18）。

有网友在博客里提供数据说，荣宝斋曾经出版过 4 次《十竹斋笺谱》，除前述两次之外，另于 1982 年及 1996 年各再出版一次。我除 1952 年版之外，另收藏一部，纸张明显较新，且函套内无任何版权标志，无法确认是第 3 或第 4 版。文字部分，字迹不同，明显重刻，图版虽然也用饾版拱花技法印制，但两相比较，可以看出新版的设色较为浓重，线条较为无力；以拱花版来看，第 2 版所呈现的凹凸线条较新版犀利许多。

《十竹斋笺谱》共 4 卷 283 幅图：

卷 1 包含清供 8 种、华石 8 种、博古 8 种、画诗 8 种、奇石 10 种、隐逸 10 种、写生 10 种。（图 19）

卷 2 包含龙种 9 种、胜览 8 种、入林 10 种、无华 8 种、凤子 8 种、折赠 8 种、墨友 10 种、雅玩 8 种、如兰 8 种。（图 20）

卷 3 包含孺慕 8 种、棣华 8 种、应求 8 种、闺则 8 种、敏学 8 种、极修 8 种、尚志 8 种、伟度 8 种、高标 8 种。（图 21）

卷 4 包含建义 8 种、寿征 8 种、灵瑞 8 种、香雪 8 种、韵叟 8 种、宝素 8 种、文佩 8 种、杂稿 16 种。（图 22）

其中卷 2 无华、卷 4 宝素共 16 幅为拱花版，只有凹凸线条，无任何设色；另外拱花饾版并用者计 59 幅，其较《萝轩变古笺谱》更胜者是拱花图案共计 75 幅，略胜《萝轩》之 67 幅，而且多数拱花之上有深浅敷色，使画面看起来更显丰富。就笺谱制作风格而言，两种笺谱差异性不大，图案都充分显示文人风格，仅占纸幅一小部分，典雅清新，确实让人爱不释手。

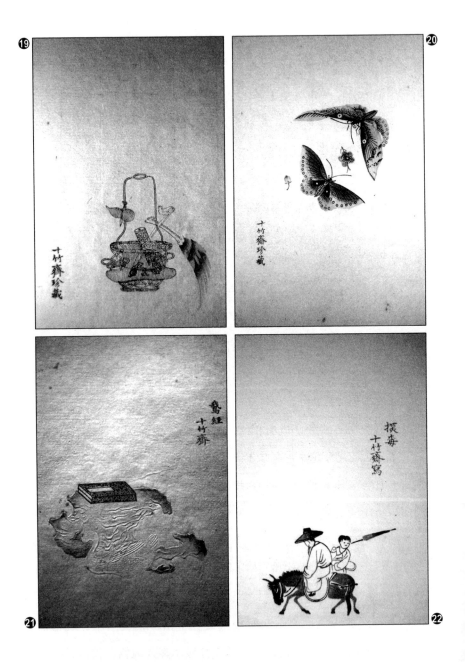

《北京笺谱》

　　《北京笺谱》可以说是《北平笺谱》的孪生兄弟，不过这个弟弟晚生了 25 年，它是《北平笺谱》的重印本。

　　鲁迅与郑振铎于 1933 年选辑印制的《北平笺谱》，在艺术界与藏书界已是无人不知无人不晓的一部巨著，也是中国木刻史上一座丰碑。

　　《北平笺谱》里的笺样选自荣宝斋、淳菁阁、松华斋、静文斋、懿文斋、清秘阁、成兴斋、宝晋斋、松古斋及荣录堂，共计 330 幅。这个时候的笺纸与萝轩、十竹斋有明显差异，不但画风不同，而且图画大都布满整张笺纸，用色也较浓重，不似萝轩与十竹斋的设色淡雅及富含深意（图23、图24）。笺样选定后，于当年 9 月开始选材印制，12 月印制完成 100 部，这 100 部有鲁迅及西谛（郑振铎）亲笔签名。

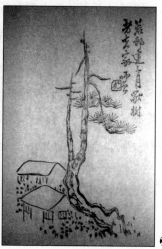

鲁迅于当年 12 月号的《文学》杂志上刊登了一幅广告，全文如下：

中国古代木刻，近来已极凌替，作者寥寥，刻工亦劣，其仅存之一片土，唯在日常应用之诗笺，而亦不为大雅所注意，三十年来，诗笺之制作大盛，绘画类出名手，刻印复颇精工。民国纪元，北平所出者尤多隽品，抒写性情，随笔点染，每入前人未尝涉及之园地，虽小景短笺，意态无穷。刻工印工也足以副之，惜尚未有人加以谱录，近来用毛笔作书者日少，制笺业意在迎合，辄弃成法，而又无新裁，所作乃至丑恶不可言状。勉维旧业者，全市已不及五七家，更过数载，出品恐将更形荒秽矣。鲁迅、西谛二先生因就平日采访所得，选其尤佳及足以代表一时者三百数十种（大多为彩色套印者），托各原店用原刻版片，以上等宣纸印刷成册，即名曰"北平笺谱"。书幅阔大，彩色绚丽，实为极可宝重之文籍，而古法就荒，新著代起，然必别有面目，则此又中国木刻史上断代之唯一之丰碑也。所印仅百部，除友朋分得外，尚余四十余部，爰以公之同好。每部预约价十二元，可谓甚廉。此数售罄后，续至者只可退款。如订户多至百人以上，亦可设法第二次开印，唯工程浩大（每幅有须印十余色者），最快须于第一次出书两月后，始得将第二次书印毕奉上。预约期二十二年[1] 十二月底截止，二十三年正月内可以出书。欲快先睹者，尚希速定。

---

[1] "二十二年"即 1933 年，"二十三年"为 1934 年。

这部书印出后，预订者众，因此又于 1934 年再版 100 部。然而，至今这 200 部《北平笺谱》也已珍如凤毛麟角，在拍卖场上曾经拍到 40 余万元人民币。

荣宝斋于 1958 年计划重印《北平笺谱》，鲁迅夫人许广平于该年 11 月为重印本写序。许广平在序里说："最近，又拟重印北平笺谱，为了原出书者郑振铎先生的逝世的悼念。"（图 25 ）

㉕

郑振铎于 1958 年 10 月 17 日以中国文化代表团团长身份率团访问阿富汗王国[1] 及阿拉伯联合共和国[2]，搭乘的飞机中途失事坠落，机上所有人员全部遇难。

许广平也说："这一笺谱，记录了中国木刻艺术这一民族遗产的优秀，值得吸取若干养料，给久已被人忘记了的中国木刻做一发掘整理的工作，为后来者作参考，为今天中国木刻艺术推进一步的比较作佐证。"她给了这一个重印决定正面的理由。

这一部笺谱重印时，同时也改名为《北京笺谱》，许广平在序里说："因笺谱出于北京，为了出版时免受障碍而写'北平'，实非得已。今国家早已解放，在党和毛主席光辉照耀下山河恢复，大地重光，再不宜沿用旧名'北平'，而应还我本名'北京'，才算相符

---

[1]　1973 年前阿富汗为君主制王国。

[2]　存在时间为 1958—1972。

第一章　笺谱

39

㉖

其名实。"（图 26）

《北平笺谱》的名称，当时还是取自鲁迅先生的提议，1933 年 10 月 2 日他给郑振铎的信中说："书名曰'北平笺谱'或'北平笺图'如何？"

实则北京这个地方，秦汉以来一直都是北方重镇，名称也多次改变，例如燕京、大都、北平、京师、顺天府，等等。1911 年辛亥革命后，于 1912 年 1 月 1 日定都南京，是为民国元年，随即于同年 3 月迁都北京，当时此地称为顺天府；1915 年改顺天府为京兆地方；1928 年北伐战争后，首都迁往南京，京兆地方改名为北平市。1949 年北平守军将领傅作义投降，9 月 27 日中国人民政治协商第一届会议决议将北平改名为北京，10 月 1 日中华人民共和国在北京正式宣告成立。

因此，1933 年这部笺谱印制时，当时地名为北平，笺谱称为《北平笺谱》，确是名正言顺；1958 年笺谱重印时，北平已改名北京，重印本称为《北京笺谱》，也无不可，只是有无必要？《萝轩变古笺谱》及《十竹斋笺谱》重刻本都沿用其旧名，更能彰显其历史文物与艺术价值，《北平笺谱》改名《北京笺谱》，似乎沾染了些许政治味。

这部笺谱，荣宝斋至 2003 年有第 3 次印刷，书后牌记写着"北京笺谱，出版编号：5003－80，编者：鲁迅 西谛，出版者：荣宝斋木版水印，二〇〇三年第三次印刷，中国北京"。如果将《北平笺谱》当做第 1 次印刷，则 1958 年为第 2 次，2003 年则为第 3 次。

如果未计《北平笺谱》，则1958年为《北京笺谱》第1次印刷，至2003年之间还另有一次印制，因目前资料不足，无法确知。我所收藏的一部，书后的牌记无印制年月，仅书"No8030.121S 北京笺谱荣宝斋木版水印"。（图27）

这部《北京笺谱》的出版情况，还有待陆续搜集相关资料随时补充，以臻完备。

27

荣宝斋的两部诗笺谱

荣宝斋的名气，一则因其历史悠久，从荣宝斋前身松竹斋成立于康熙十一年（1672）算起，至今已330余年，若从光绪二十年（1894）更名荣宝斋算起也有百余年历史；另一则因其木版水印技术的精湛，复制的画与原作难辨一二，因此海内外驰名，远近皆知。

而荣宝斋更令人津津乐道的是，鲁迅与郑振铎看上那里的精湛技术，委托印制《北平笺谱》及重刻《十竹斋笺谱》，让笺谱艺术再度发出璀璨的光芒。

荣宝斋所制笺纸质量高，一向为文人雅士所钟爱。郑振铎在《访笺杂记》里提到荣宝斋说："一家不失先正典型的最大的笺肆，仿古和新笺，他们都刻的不少，我们在那里，看见林琴南的山水笺，齐白石的花果笺，吴待秋的梅花笺，以及齐王诸人合作的壬申笺、癸酉笺等等，刻工较清秘为精，仿成亲王的拱花笺，尤为诸肆所见这一类笺的白眉。"

笺纸既然是荣宝斋的主力商品，将各式笺纸汇集成笺谱供人收藏欣赏，也是极其平常的事。荣宝斋有2部笺谱至今仍是大家竞相收藏的对象，它们就是《北平荣宝斋诗笺谱》及《北京荣宝斋新记诗笺谱》。（图28）

《北平荣宝斋诗笺谱》是荣宝斋于1935年印制的，采双页双画形式分2册装订，每册各有图百幅，合计共200幅笺图。

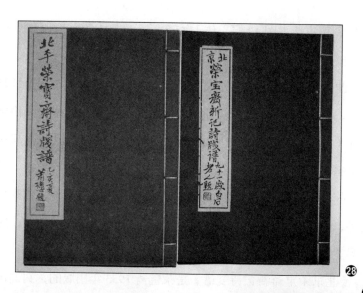

㉙

封面由萧劳于乙亥夏题签，首页由溥雪斋于乙亥仲夏题书名（图29），寿石工作序。

序言中说当时新式进口信笺，充斥都市，虽如旧制，但不受笔不受墨。荣宝斋主人精制信笺诗笺，式样古雅，纸必取本国所产，书画必请名手，因此山水人物花虫鱼鸟都合艺术，积版盈千，择其尤者二百种制为笺谱。

这部笺谱是荣宝斋由所累积的笺样中，选取十分之二印制而成。经统计，选样最多的是齐白石31幅、其次是张大千18幅、王邵农14幅、溥心畬10幅、溥、张合作8幅、吴待秋、陈半丁、李鹤筹各8幅、王师子、马晋各6幅、王雪涛、杨济川、越园各4幅、徐燕孙、陈缘督、王梦白各3幅、曹克家、王羽仪、颜伯龙各2幅／汪溶、陈少鹿、陈师曾、金北楼各1幅。此外，仿文美斋百花笺谱

14 幅，仿古博古图 12 幅，仿十竹斋 8 幅，未具名花卉 18 幅，内容确实多且杂。

此谱编次也似乎没有一定顺序，上册所选均画幅布满全纸且无边框，主要内容除齐白石、张大千、溥心畲的草虫花果禽鸟山水花卉外（图 30），另选各家所绘十二生肖图共 28 幅，但其中却缺蛇马羊猪 4 种。下册则每幅均加框线（图 31），所选以王劭农、张大千、陈半丁、李鹤筹等人所绘山水人物花果禽鸟较多外，仿古作品也多，计 34 幅。所喜者，荣宝斋印制笺纸一向为人所推崇，此谱图幅宽大，印制甚为精致，是民国之后笺纸艺术的一部巨著。

《北京荣宝斋新记诗笺谱》是荣宝斋 1953 年出版的，封面由白石老人于 91 岁时题签，首页由叶恭绰题书名（图 32），牌记上写着：

⑩

本斋所印诗笺谱系多年累积而成，选编无一定体例，国营之后即停止印行。近日国内外艺术界仍纷纷来函要求再版，重编需时无已，先就原稿抽出百二十幅，略加整理付印，以答各方殷切期望，精选重编之议，只得期诸异日矣。一九五三年十月。（图 33）

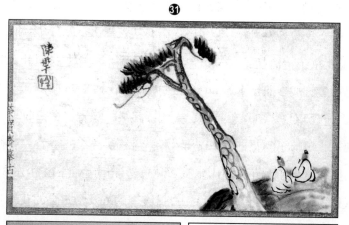

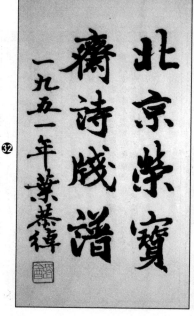

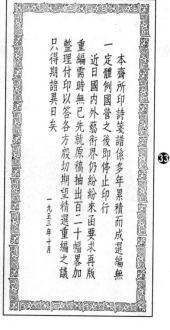

荣宝斋在 1949 年以前是一家私营南纸店，北京解放时因负债累累，当时的掌柜王仁山为使荣宝斋渡过难关，寻求政府支持。经上级同意，决定由国家出版总署拨款 1 亿元，于 1950 年 5 月底由新华书店总管理处木印科与荣宝斋双方签约，改为公私合营，并改名为"荣宝斋新记"。同年 10 月 19 日荣宝斋新记隆重开业。

至 1952 年，因私方被迫拍卖股权还债，由政府出资 4.04 亿元将股权全数赎买为国有，荣宝斋遂由公私合营转变为国有企业。

《北京荣宝斋新记诗笺谱》采双页单画形式印制，因此 120 幅图仍可装订成 2 册，上册 60 幅，其中齐白石画笺 44 幅为最多（图 34），包含草虫、禽鸟、花卉、人物、蔬果、集锦等；另收吴待秋的梅花，王师子的花卉，王雪涛、徐燕荪、吴光宇的杂稿。下册 60 幅，其中张大千画花卉、山水笺 28 幅，另与溥心畬合作山水 3 幅，个人即占下册半数以上（图 35）；另收李鹤筹及汤定之的花卉、陈半丁的山水等。

除此 120 幅版本之外，也曾在中国书店拍卖图录上看见同名为《北京荣宝斋新记诗笺谱》，另有 200 幅及 80 幅两种版本，可见笺谱这一类书，出版的严谨性不能和一般书籍相比拟。

牌记上所说从原稿抽出 120 幅略加整理后付印，此原稿不知是否就是 18 年前印制的《北平荣宝斋诗笺谱》。如果是从中抽出 120 幅直接付印，恐怕有待商榷。因为经过比对，《北京荣宝斋新记诗笺谱》中有 45 幅笺图是《北平荣宝斋诗笺谱》中所没有的，比例超过三分之一，大部分是齐白石及张大千所作。

有趣的是，2 部笺谱中都有一幅齐白石草虫画笺，构图及题名一致，应为同一幅图，但图中的昆虫却不相同。不知当时描图者是根据什么将昆虫作了改变，如果不相比对是不会发觉的。（图 36）

《北京荣宝斋新记诗笺谱》的编次是以大师级的画作为主，这两部笺谱的印制相差 18 年。这期间大师们应该陆续都有增加一些画笔，因此编印《北京荣宝斋新记诗笺谱》时，除了从《北平荣

㊲ ㊳

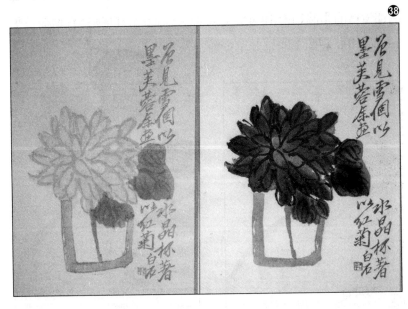

宝斋诗笺谱》中选择大师们的原作之外，还另选一些新作加入，例如齐白石的禽鸟人物蔬果、张大千的山水，等等，集合成一部新的诗笺谱。

这两部笺谱相互比较，前者计200幅，双页双画，没有目录，主题较为混杂，设色较为淡雅；后者计120幅，双页单画，印有目录，主题性较强，设色比较浓重（图37、图38）。对于笺谱的设色应该淡雅还是浓重，时有不同看法。单页信笺本为书写而作，设色淡雅才能凸显所写文字，此说本无疑义，但笺谱都供收藏欣赏，不在其上书写，因此有人以为设色浓重应无不可。我个人则以为，既为笺谱，原由笺纸集合而成，其设色仍应淡雅，以维持笺纸的特色，如果设色浓重，则与画谱无异矣。

这两部诗笺谱留存至今也有六七十年的历史，都是民国以后甚具代表性的名作，应该值得重视。

《郑笺诗谱》

《郑笺诗谱》即《成都诗婢家诗笺谱》，四川成都诗婢家纸店，刻印笺纸精彩绝伦。

1943年成都诗婢家主人郑伯英有感于四川僻在西陲，道路险巇山川间阻，文物后于中原，所见笔研之资多自江南河北而来，如荣宝斋、涵芬楼诸笺纸，雕刻精绝，而先蜀故物则默默无闻，于是在其收藏书画中精选百幅由诗婢家镌刻制成笺谱，称为《郑笺诗谱》（图39）。

❸❾

此谱共上下2册，引首由于右任题名（图40），序言由谢无量撰述并手书，并有7条例言说明此谱内容及印制发行情况。例言中说笺谱仅印行500部，必不增印，但后来却因需求者众，于1945年再版500部（图41）。

谢无量的序中对蜀笺不如蜀本为人所重视感到抱屈，他说："今藏书家竞推蜀本为最古，不知蜀中笺纸之制，雕缋精绝，唐以来诗家以锦江笺托之吟咏，而薛涛作笺亦有名实，远在雕版之前，宜视蜀本书为尤重，岂非流传较少，故往往尊书而遗笺耶？"

郑笺诗谱 7 条例言如下：

笺谱第 1 册搜辑古人名作，凡已物故者均皆列入，其次序依付刻时间为先后。

笺谱第 2 册搜辑时贤名作，其次序以姓字笔画由少而多为先后。

古人名作均系摹刻真本，皆经名家审定，然后付梓，并于每幅加诗婢家小印以资识别。

印刷所用颜色皆以画料为之，务求精雅，不营俗尚。

笺谱共仅印 500 部，并于每部末页年月之下加印第若干部字样，自第 1 部起至第 500 部止，此外必不增订。

笺谱之外，则以每 4 种 40 张为一札，分札出售，不更合订。

本笺谱搜罗未备，以后如承海内同好更以时贤名作或古人善本见惠，更当续刻用广流传。

第 1 册搜辑古人名作，包含公孙长子、赵之谦、姚华、陈衡恪等人画作。第2册搜辑时贤名作，人数甚多，包含伍莹、余中英、芮善、林恕、吴嘉惠、梁又铭、梁中铭、陈树人、陈半丁、袁阜倩、张大千、张采芹、刘咸荥、蔡佩珠、黄君璧、杨乡生、赵熙、赵望云、郑达、潘韵、齐白石、线云平、关山月、谢趣生、罗文谟、庞熏琴等人画作及4幅彭吟霄拓钟鼎彝器拓本。（图42、图43）

《郑笺诗谱》后有郑伯英癸未年（1943）八月的序，序里对笺纸之制始于西蜀，有明确的说明。他说：

> 古者削方连札，取用铅刀，重滞难行，乃有缣帛，及蔡侯造纸所便实多，然质文递嬗由朴而华，敷彩成彰，制笺以起，论其源流，实肇西蜀，素而为绚，文以及远，鸾笺十样，文史足征，其最著者有薛涛笺，传南北播之声。

此外，他对编印此谱的缘由也有所说明，他说：

> 自顷艺苑名宿东游者众，橐笔负笈，览胜岷峨，时乡贤共

相辉映，风起云涌蔚然大观。余以畸人颇从杖履，观楮墨之纷披，发幽情于往古，窃思拾诸家绘事之余，制为笺谱，远求坠绪，近集时珍，嗣续前作，踵事增华，庶几藉词翰之流传不胫而走，遍于海内，爰自搜罗，越时数稔，广收并蓄，灿然美备，计今古名作共得百纸，物聚所好，未敢自珍，谨作芥子之献，以供艺林之赏，当时贤达幸不嗤其为好事云。

笺谱最后除列名郑伯英及诗婢家外，还将制版印刷者姓名明列于上：

藏版者：华阳郑伯英。

发行者：成都诗婢家。

制板者：大邑余海如、华阳陈泽川。

印刷者：成都陆荣卿。

此举不但保存文化艺匠资料，以供后人景仰；笺谱艺术精绝高雅，都由匠人一刀一纸辛苦制成，其为寻常百姓提供日常所需，更显其辛苦劳动之可贵。

成都诗婢家的历史可以追溯到1920年，系由郑次清先生所创办成立。"诗婢家"3个字典故出自《世说新语》一书，东汉大儒郑玄家中奴婢皆能背诵诗书，有一次一名婢女做错事被罚跪在泥土中，另一名婢女路过问道："胡为乎泥中？"被罚跪的婢女说："薄言往诉，逢彼之怒。"这两人一问一答，都引用诗经中的句子，而且恰如其分，"郑家诗婢"就成为一个著名的典故。郑次清先生引用其同宗郑玄家诗婢典故取名，十分贴切。

1936 年由郑次清之子郑伯英接掌经营诗婢家，除装裱之外，增加了木刻水印、书画简册、文房四宝等经营项目，与当时书画大家往来密切，又能满足他们的需求，因此业务日渐兴盛。

当时张大千先生率领一批学生在敦煌莫高窟写生，写生结束后转往四川，在四川却苦无佳纸作画，他找到了诗婢家请郑伯英帮忙。郑伯英建议他用夹江纸，张大千试用之后觉得纸张拉力不足，于是郑伯英介绍他找造纸大户石子清，经研究改变旧时造纸过程，并加入麻纤维，制造出改良的夹江纸。张大千试用后非常满意，称之为蜀笺，一次就订制 200 刀。

1941 年日机轰炸成都，诗婢家被毁，不久即重新开业，并请赵熙老人题写诗婢家招牌，据说这是赵熙第一次为人题写店招。

1943 年刻印《郑笺诗谱》500 部编号发行，1945 年再印 500 部续号发行。

1953 年，店主人郑伯英被调往云南工作，诗婢家业务也宣告结束。

1979 年，在四川省市领导关怀下，恢复了诗婢家这个老字号商店，找回原有老艺人，精工雕镂，印制精良，恢复了原有木刻套印诗笺。

2001 年，诗婢家企业经过改制后，更名为"成都诗婢家文化有限公司"，扩大经营规模，除总公司外，还另设销售部及精品店。

2005 年，诗婢家创立 85 周年，在成都著名旅游一条街琴台路成立"诗婢家美术馆"，5 月 1 日正式开馆，成为成都的文化标志之一。

成都诗婢家历经结束又重造，而且业务蓬勃发展，与北京荣宝斋、上海朵云轩、天津杨柳青合称文化老字号四大家，它以弘扬传统文化为己任，正以百年之精粹融入现代之潮流。

《张龢庵百花笺画谱》

台北市的天山出版社于 1985 年 6 月出版一本《张龢庵百花笺画谱》，缩版影印张龢庵所绘花谱 97 幅，书前有赵庸侯所撰《重印张龢庵百花谱缘起》。

《缘起》里说这册百花谱原为榕城刘源沂先生收藏，原应百幅，但仅存 97 幅；1949 年来台，因花谱已珍藏数十年，恐广陵散失，特交天山出版社重印行世，公诸同好。

这本书乍看之下，以为是一本百花画谱，让习画者参考其中花卉的构图画法，其实它原是一本笺谱。

张龢庵这套花谱是光绪十八年（1892）应文美斋主人焦书卿之请，为制笺而画（图 44）。

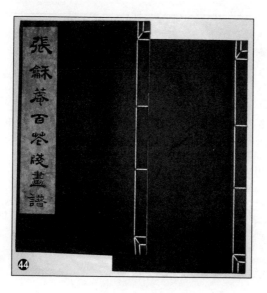

张龢庵（1852—1908），名兆祥，龢庵为其字。晚清天津人，善画花鸟，设色妍雅，备极工致，折枝花尤觉秀丽生动，被誉为清末"叶花卉之宗匠"。张祖翼写于光绪丙午年（1906）刊于宣统三年（1911）出版的《百花诗笺谱》的序里称赞他说："张龢庵先生精六法，尤工折枝花卉，海内赏鉴家莫不许为南田后身。"

说这套花谱是张兆祥于光绪十八年（1892）为制笺而作，可从画笺里他的一段题词看出，他写道："壬辰春日文美斋主人属写百花以制笺，龢庵张兆祥。"（图45）

这套画笺除了张兆祥的折枝花卉外，文美斋另请天津名士铁道人查帖青为每一幅画题词，词与画相互之间甚为切题，例如菊花一幅上题："心婉转，意拳拳，黄金作蕊白玉环，但愿花长鲜，人长澹，朝朝有酒酿中仙，祝君长延年"。（图46）其中有四幅题记"壬辰新正"、"壬辰仲春"，更印证此画笺的刊印年代。

这套画笺以朱色单色印制，除以单张印制分扎发售外，也汇集

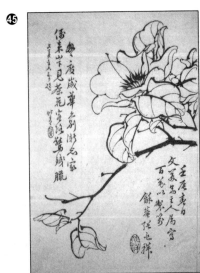
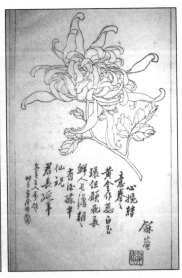

成谱，以百花笺谱的形式发行。印制时双页双画，每幅都外加绿色线框，纸张对折后装订成谱。这部笺谱发行时，名称为何，有无任何序言文字加以叙述，不得而知。我所收藏的一部，已经重新装衬，分2册装订，仅有笺图，而未见任何文字，前收藏者于封面题名为《张聿庵百花笺画谱》。第1册24页48幅图，第2册26页52幅图，合计50页100幅图，全谱应属完整。

这部笺谱并不只是这样存在着，文美斋在清末最有名的《百花诗笺谱》就是由张聿庵的这部画笺演化而来，《百花诗笺谱》刊成于宣统三年（1911）五月，但笺谱上张祖翼的题签及序言都署年"光绪丙午"，即光绪三十二年（1906），可见这部《百花诗笺谱》的刊印，从准备到完成至少费时5年之久。

《百花诗笺谱》与张聿庵原作单色百花笺谱最大的不同处，在于《百花诗笺谱》改以彩色刊印，画幅之外加有云纹框，原来画幅上的张聿庵的署名及查帖青的题词都已删除，另加钤印，而且是双页单画对折装订，留一页空白供题诗词。但其中大多数折枝花卉图案均与原作单色百花笺谱相同（图47、图48），只有少数例外，其原因可能是除了原来百花笺图之外，张聿庵还陆续为文美斋画笺，到光绪末年编印《百花诗笺谱》时作了少许替换，可见文美斋对张聿庵的折枝花卉的推崇。

张祖翼的序言里也说："文美斋主人以所画花卉制为诗笺百幅，镂版行世，俤色揣称，画态极妍，所谓赵昌画花写花形，徐熙画花名花神者邪。"

就《百花诗笺谱》本身而言，它的名称也有两个，封面上有磊盦于光绪丙午（1906）中元题签"百花诗笺谱"；磊盦即张祖翼，首页里他却题名为"文美斋诗笺谱"。

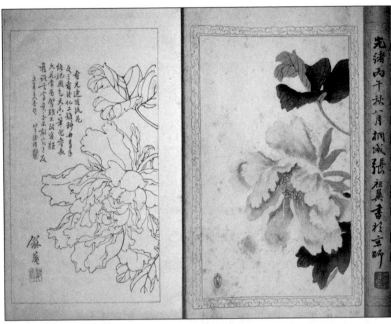

47

48

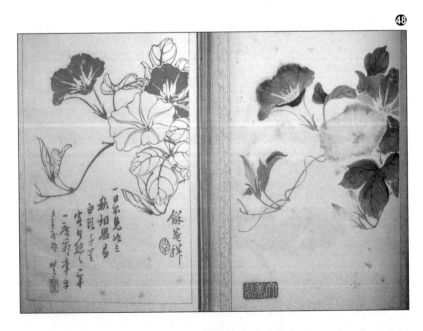

这部笺谱也不是只有一个版本，北京国家图书馆藏有 3 部，其中两部为郑振铎捐赠，一部自行采购。这 3 部都名为《百花诗笺谱》，也都有张祖翼的题签及序言，但编排次序及印章字体都不一致。郑振铎捐赠的其中一部，除了花卉之外，还有花果、禽鸟、博古器物，绘图者也不只张䜣庵一人。

另外在网站上看见过《百花诗笺谱》有人物图案的，也有以张䜣庵原作单色有䜣庵署名、查帖青题词的画笺为图的，都加有云纹框，可见这部《百花诗笺谱》版本众多。臆测可能是文美斋于宣统三年（1911）首次完成刊印《百花诗笺谱》后，遇有新笺，即作若干替换重行印制。因此即使同一幅花谱，因印制时间不同，色泽就有差异，纸张及钤印也不相同，差异甚为明显。

这部《百花诗笺谱》出刊 5 个月后，清朝就灭亡了，可以说它是中国封建时代最后一部艺术名作，为传统笺纸艺术作了一个总结。或许它的发行与散布，让笺纸艺术从清朝跨越到民国，使这传统遗物仍然受到重视。

鲁迅于 1933 年 2 月 5 日致西谛的信中就提道："去年冬季回北平，在琉璃厂得了一点笺纸，觉得画家与刻印之法，已比文美斋笺谱时代更佳，譬如陈师曾、齐白石所作诸笺，其刻印法已在日本木刻专家之上，但此事恐不久也将消沉了。"

鲁迅觉得当时的画家及制笺艺师的水平已超越文美斋时代，为恐其消失而有编印《北平笺谱》之举。我心里想，如果没有文美斋最后的《百花诗笺谱》给鲁迅作比较，那么还会不会有《北平笺谱》的问世呢？这会不会是《百花诗笺谱》所发挥的最大功能呢？不可知也。

两本清末笺谱

笺谱的功用除了汇整单页笺纸合成图录以供收藏之外，更是南纸店作为商品宣传的好方法，所以除了著名的几部笺谱外，许多南纸店也会出版一些自己的笺谱出售，名气虽然不大，但能流传到今天，让后世者能了解当年笺纸一物的盛行，也是弥足珍贵的事。

天津文美斋除了著名的张龢庵画《百花诗笺谱》外，还曾经印制一本《文美斋诗笺谱》。这本笺谱内容包含花卉、草虫、鱼虾、禽鸟、奇石等，共 100 幅，均由朱偁所绘，朱色印刷，双页双画。（图 49）

朱偁（1826—1900，一作 1826—1899），原名"琛"，后改"偁"，字梦庐，号觉未，别署鸳湖散人、鸳湖画史、玉溪外史、玉溪钓者、古由拳里人、胥山樵叟等，浙江嘉兴人，工花鸟，在上海书画界享有盛誉。此谱是朱偁受文美斋主人嘱托，于光绪十七年（壬辰）至十八年（癸巳）（1891—1892）画于上海，由画上题识可以得见。

此谱封面题签由江焕宗所作，署年"癸巳春日"，除此题签外，并无其他有关此谱印制出版的任何文字记载，但谱内有几幅朱偁题识署年"癸巳冬仲"可见此谱最早应该印制于光绪十八年（癸巳）底。

朱偁画工遒劲有力，笔触老辣，简简数笔即能显其神韵，并且深得画笺之妙境，不过简亦不繁复，寸纸之上皆见主题。他还在一些画幅上另加题词，以彰显画意，例如在一幅鹤图上题“一品”（图 50），在另一幅鹤及双桃图上题“得寿图”，均语寓吉祥，并且也将鹤的吉祥含意作了不同的阐述，如果在此笺上作书祝贺升官或贺寿，真是相得益彰。又例如他画一只喜鹊站在莲蓬之上，题曰“喜得联科”，也是祝贺金榜题名的好材料。

朱偁的别号甚多，在这本笺谱上就题了好几个。他有一个别号叫“胥山樵叟”，可是在这本笺谱上他却题“青山樵叟”；“青山樵叟”这个别号也曾见于他的绘画作品，所以应该不是笔误，两者都是他的别号。（图 51）

另外一本笺谱是《黄山寿先生百花诗笺谱》（图 52），同文仁堂印制。黄山寿以双钩描法画折枝花卉 100 幅，朱色印刷，双页双画，版心上方题“黄山寿先生百花笺”，下方题“同文仁自制”。其他笺谱未见版心题字，可见同文仁印制此谱非常慎重。

(50)

(51)

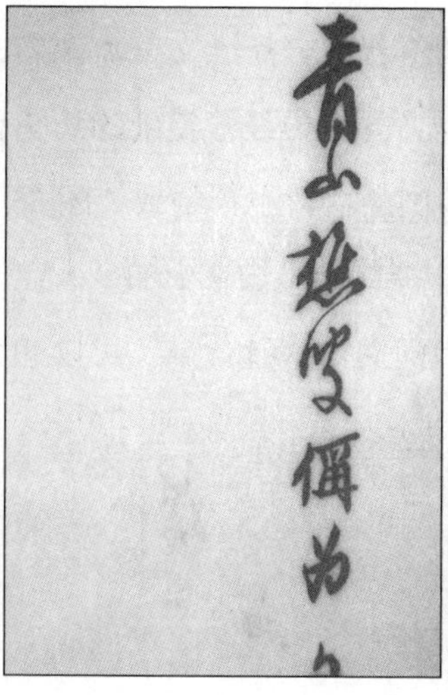

(52)

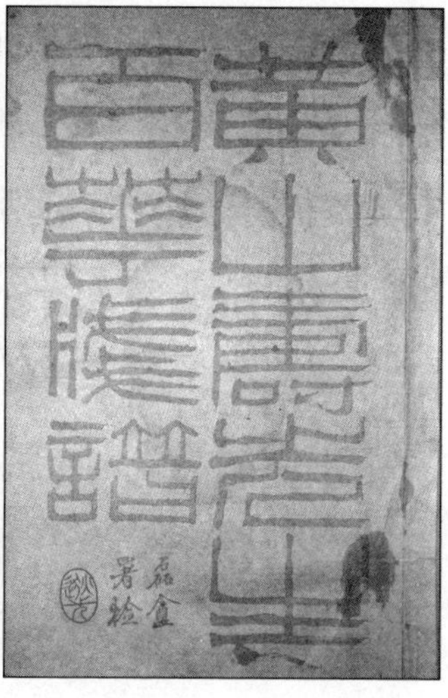

黄山寿（1855—1919），原名"曜"，字勖初，号丽生，别号勖道人、茶山樵子、崔溪外史、龙城居士、津里草衣，这些字号均见于这本诗笺谱之题名。江苏武进人，幼年贫困，志于书画，书法精于唐隶北魏，画则人物、山水、花鸟、走兽、草虫、墨梅、竹石、墨龙，无一不能。他写人物仕女，喜用工笔重彩；青绿山水，气韵古逸；双钩花鸟，神态逼肖；早年曾任官直隶同知，50岁后在上海卖画维生。

黄山寿的双钩花卉，笔画精到，一丝不苟，花型逼肖，神韵天成，每幅均加四字题词，例如水仙题"冰骨玉肌"（图53）、牡丹题"真花不名"、荷花题"水芝濯秀"、梅花题"格高韵胜"，都名实相副。

他在最后一幅题"凡百吉祥"（图54），为百幅笺画作一总结，另题"甲辰春日为同文写百花笺"。甲辰年即光绪三十年（1904），这一年黄山寿50岁，在那年春天就已完成百花笺谱，这可能就是他在上海开始卖画维生的第一个作品，也为笺谱艺术留下一份耐人寻味的杰作。

同文仁的笺纸不若荣宝斋、文美斋知名，此谱版心有"同文仁自制"字样，也为同文仁经营笺纸的历史留下见证。同文仁不仅经营笺纸，它印制的信封小巧精致（图55），封面图案有花鸟、虫鱼、人物、文字等，种类繁多，许多画家如张龢庵、查帖青、沈心海等人也曾为同文仁画过信封，可以想见同文仁南纸店当年的经营规模。

53

54

55

《补拙斋笺谱》

　　《补拙斋笺谱》1989年出版，由荣宝斋的画师、木版水印专家王宗光先生所作，分上下2册，共有200幅图，由启功先生题签及扉页题书名，王宗光先生自题引言。它或许是中国笺谱艺术的最后一部作品（图56）。

　　王宗光先生一生都从事绘画及木版水印工作，年轻时即进入荣宝斋，并参与许多著名笺谱及木版水印复制画的绘制工作，他在引言里说："30年代，祖国罹难于内战外侮，制笺艺术濒临中断，幸得鲁迅、郑振铎两先生全力抢救，千年传统芳葩才得延续发扬……1933年，两先生前后委托荣宝斋，合成和重刻了《北平笺谱》及

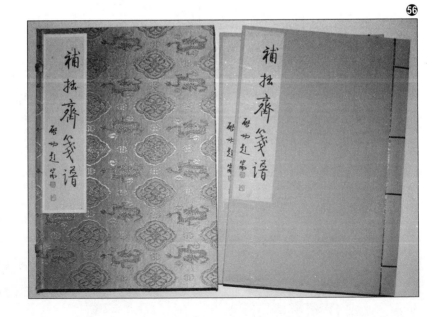

⑤⑥

《十竹斋笺谱》……鲁迅及郑公亲自选编指导两谱之际，笔者有幸参加并任摹绘之役。"《十竹斋笺谱》牌记中所列绘图者王荣麟就是王宗光。

除了描绘技术高超之外，他的木版水印技术也一样精湛。1950年5月荣宝斋公私合营之后，由新华书店木印科工作人员与荣宝斋原有人员结合创立了木版水印车间，由王宗光担任车间主任，成功印制了徐悲鸿的奔马、齐白石的墨虾花鸟小品等；而后又印制敦煌壁画，木版水印技术因此闻名海内外，王宗光在这方面有其一定的贡献。

从参与制作《北平笺谱》、《十竹斋笺谱》到亲自编绘这部《补拙斋笺谱》，前后达半个世纪之久，这种终其一生鞠躬尽瘁的敬业精神，真是可敬。他也因为之前参与了这些具时代意义的壮举，而对鲁迅及郑振铎发扬笺谱艺术的热诚无法忘怀，也希望效法前辈，所以他说："为了缅怀前贤，谨作补拙斋笺稿二百图，因申钦仰之忱。"

这部笺谱的图稿200幅，都是王宗光一人所绘制，上下册各100幅，各分10个主题（图57）。上册分别为喜神谱、大富贵、墨雨行、凤子幻、罗浮偈、果中珍、清吟君、雕虫志、故乡情、晚节香。下册为上苑春、天中瑞、升平色、研边趣、园丁赞、师园圃、秋色佳、晓露凝、晚霞红、岁寒友。其中凤子幻、罗浮偈为蝴蝶（图58），清吟君、雕虫志为草虫，果中珍、园丁赞、师园圃为蔬果，其余均为花卉。

王宗光一人独力绘图200幅，数量远胜于张聿庵为文美斋绘制百花笺谱，但聿庵的折枝花卉甚具功力，被誉为清末花卉之宗匠，王宗光对他所绘文美斋百花笺谱也大加赞赏。他在引言中

補拙齋箋譜稿　卷上

喜神譜　　蕙中珍
大富賢　　清唫窨
墨雨斤　　雕嘉誌
鳳予幻　　故鄉情
羅浮儂　　晚節香

補拙齋箋譜稿　卷下

上苑春　　師園圖
天中瑞　　姝色佳
昇平色　　曉嵐滉
研邊趣　　晚霞紅
園丁讚　　歲寒友

说："如天、崇间，徽人胡正言居金陵，潜心艺事，平生所作三谱，尤以十竹斋笺谱为卓著，至今光照艺林。继此之后，清怡王府拱花笺、近代文美斋百花笺谱等创稿隽雅，镌印精工，无不为中华传统艺术生辉。"

这部《补拙斋笺谱》的内容包含花卉、蔬果、蝴蝶、草虫，每一主题10幅，由于出自一人之手，因此有一些主题构图雷同、变化不大。例如喜神谱写梅花，每一幅都是一支梅花一块石头，梅上石下，其变化只在梅枝向左向右之不同而已。也有主题内容较混杂的，例如雕虫志写小昆虫，蜻蜓螳螂蜜蜂等，其中却有一幅金鱼，与草虫看似互不相干，不过此幅金鱼描绘甚是传神（图59），可惜全谱仅此一幅而已。

这部《补拙斋笺谱》的另一特点是用色鲜艳，且不论上彩或墨印，渲染效果都十分明显，例如《大富贵牡丹图》，紫、粉、红、黄、绿各色牡丹鲜艳夺目，花蕊的点染或红或黄或蓝，十分醒目，其他花卉的点染也多有类似情形。（图60）

在传统笺纸逐渐消失、沦为古董的现代，王宗光先生能用其一生的时光在这一领域钻研、奉献，即使年纪已高仍不放弃。在这部《补拙斋笺谱》里，他钤有一枚印章"雨新七十后作"（图61），颇有"廉颇虽老尚能饭也"的气概，不禁让人肃然起敬，崇仰之心油然而生。

59

61

60

笺纸收藏

笺纸一物，虽属寸幅小品，但其制作过程非常费工，比一般版画更繁复。其印制次序大致分为画稿、雕版、印刷、裁齐、装匣等几道工序，而且在印刷过程中更要注意色调浓淡，求其雅致以衬托纸上之书写字迹。

南纸店请画师画笺稿，必须注意纸幅的大小，笔简意饶专为制笺而做，画师一般都会在画稿上题款，如"为某某斋主人制，某某写"或"某某写，某某斋制"等语。例如子良为锦润阁画人物笺，他题"辛未秋日拟古八帧，为锦润制，子良"；另如钱慧安为宜雅斋画笺，题"吉生写，宜雅斋制"或"清溪樵子写，宜雅斋制"；又如沈心海为九华堂画笺题"九华堂制，心海写"，等等。（图 62）

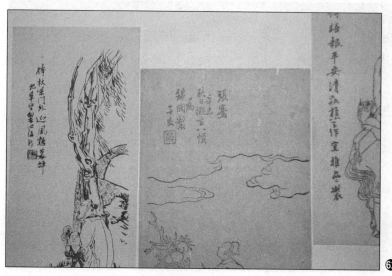

笺纸的种类五花八门，任何人事物均可入画，除了常见的蔬果花卉、虫鱼鸟兽、山水奇石、神佛人物、文房古壶、博古鼎彝之外，诸如金石文字、古籍书页、历史典故及难以归类的杂项事务，例如清朝李渔的芥子园所制韵事笺及织锦笺，都可以作为笺纸图案，真是琳琅满目美不胜收。荣宝斋以古籍书页制笺甚多，例如以《永乐大典》残帙、《居士集》、《谢宣城诗集》、《王文公文集》、《通鉴纪事本末》、《农桑辑要》、《武经龟鉴》、《宣和画谱》等之宋元古籍书页作为笺纸图案（图63）；台湾"中央图书馆"未改制为"国家图书馆"前也曾以其所收藏之宋眉山刻本《东都事略》卷一书页印制信笺（图64）。

❻❹

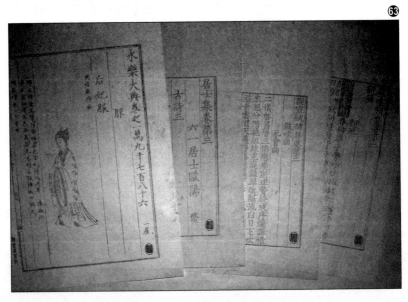

❻❸

笺纸的印制，有无色的拱花印法、单色印刷与彩色印刷。拱花印制无色却非常典雅。单色印刷，通常会将图案用一种颜色分别印在几种不同颜色的纸张上面，或者用不同颜色分别印在同一颜色纸张上面，例如1934年上海绸业银行印制赠送客户的信笺，就是分别用红、蓝、黄、绿四色将图案字迹印在白色纸上，看起来也是雅趣盎然，五彩缤纷（图65）。彩色饾版印刷较费工夫，一张笺纸必须经过数次印刷方能完成，彩色笺纸设色雅致，炫人夺目。如果是拱花与饾版并用所印制出来的笺纸则更显得高雅华贵，乾、嘉时期怡王府的角花笺甚是有名，其图案印在牙色纸幅的左下角，拱花与饾版并用，后世民间仿制甚多（图66）。

笺纸出售时，通常 40 张或 50 张装一匣，而一匣四五十张笺纸，并不是四五十种图案，一般是 4 种或 8 种，每种图案各有数张。价钱最普通的用纸条圈束之后装纸袋，好些的装纸匣，再好的合数匣外加函套，最高贵的集大小 10 匣合装木盒（图 67）。笺纸是日常用品，本无需考虑长久收藏的保护条件，因此以纸袋或纸匣装置最为常见，但如今笺纸已成古董，为人争相收藏，当时的纸袋或纸匣因保存不当，大多损坏，视其损坏程度也间接影响里面的笺纸，殊为可惜。而外加函套或木盒的匣装笺纸，则其纸匣大多完好如初，足以让人一窥当年笺纸盛行时的原汁原味。

一般收集笺纸也会讲求成套收藏，每套张数多寡不一，例如荣宝斋清末时印制"七十二侯诗笺"，一套 72 幅，至今已难得一见。民国后清秘阁曾仿宋刻《梅花喜神谱》作为笺纸图案，这一套就是 100 幅，当年是以每 10 种图案装一个纸匣发售，全部《梅花喜神谱》笺纸须装成 10 个纸匣，今天要收集齐全确实不容易。当然也有张数不多的套笺，例如清末俞曲园自制"春在堂五禽笺"，在笺纸上用篆字书写鹊、凤、雁、燕、鹤等禽鸟名，一套仅5幅。荣宝斋的吴待秋梅花笺"，一套也仅8幅。在台湾的南雅印刷信封工艺厂于1962年庆祝开业15周年纪念信笺一套10幅，印制古铜镜面图案及鼎彝铭文。2008年8月中国举办奥运，荣宝斋专为奥运会之举办印制"中国古代民俗、运动信笺"，一套16幅，图案包括童子顶竿、庆赏元宵、马球图、少林寺拳术、跳绳、踢毽子、投壶游戏、踢球、双陆图、射猎、斗蟋蟀图、舞龙、步打、蹴鞠图、琉璃喇叭和扑扑噔等古代民俗节庆及体育活动（图68）。

68

名人所画信笺也是热门的收藏对象，尤其是画坛大师的杰作，例如齐白石、张大千、溥心畬、徐悲鸿，等等。

齐白石与荣宝斋的关系非常密切。当初他从家乡湖南湘潭来到北京，因为他的绘画融合传统写意和民间绘画，刻意求新，所以受到一些旧文人的鄙视与排挤。但是荣宝斋接纳他支持他，将他的绘画挂在店面最显眼的地方，逐步为人所接受，进而备受推崇。因为这种因缘，所以他为荣宝斋画的信笺最多。齐白石的笺画不论蔬果花鸟虫鱼，都充满整张纸幅，在"看君不忘学书时"这幅画笺里，即使只画3只蝌蚪加上一些水纹，也一样布满整张纸。齐白石的画笺大多取材生活周遭事务，让人有十足的亲切感，而且画上的题词往往含意深远，颇有警世意味，例如在一幅鹦鹉画笺上写着："汝好说是非，有话不再汝前说。"又在另一幅鹊图上题："爱说尽管说，只莫说人之不善。"（图69）除荣宝斋外，欣生堂也印制一些齐白石的信笺，虽是同样的主题，例如荔枝、葡萄、葫芦、樱桃及寿桃等，但两家的笺图并不相同，可见大师的慎重与敬业。

　　张大千的画笺有高士、山水、虫鱼、花卉等，都非常吸引人的目光。他的花卉我最喜爱，泼墨荷叶稍加几笔叶脉即见精神，不论白荷或是红荷，下笔生姿摇曳，人见人爱（图70）；梅花、兰花、玫瑰等都是简单几笔即将花的神态完全描述无遗。他有一幅仿八大

㊅

⑩

山人画法的三鱼图画笺，荣宝斋、清秘阁、成都诗婢家都有印制，都用同一幅，或许是当年版权观念还没有太成熟，有以致之。

溥心畬的画笺大多是青绿山水，间有人物也都搭配在山水之中，有些画是他和张大千合作的，他的画笺除了荣宝斋印制外，清秘阁也印制一些。他的钤印除了"溥儒"、"心畬"外，也偶用"旧王孙"。（图71）

徐悲鸿的画笺并不多见，我只见过他画于1935年、由宝文堂印制的几幅而已，画老猫、公鸡、白鹅、枇杷及桃子等，笔画大气，用色鲜明。画一只老猫俯卧石上，双眼微眯，徐悲鸿题词曰："寂寞谁与语，昏昏又一年"，非常有意思。（图72）

佳莲室有一套人物笺，4种图案分别是秋树读书、晚风渔蓑、高山流水及落叶煎茶，每种图案分别印在红黄蓝绿深浅不同的十色纸上，仿宋代谢公十色笺，整套排开真是五色缤纷美不胜收。（图73）

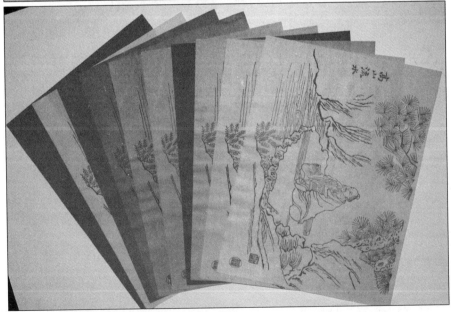

南纸店所售笺纸，大部分是两扎装在一个纸匣里，信封也大致一样。戏鸿堂有一套信封，摹绘古玉图纹作封面，称为"戏鸿堂精制仿古宴客筒"。一般笺纸与信封是分开出售，但也有比较特殊的装法：荣宝斋有制作一匣"齐白石花卉集锦笺"，里面包含 2 扎虫鱼鸟蛙蝴蝶等 8 种图案的笺纸，以及 6 扎尺寸不一的瓜果图案信封，整匣都是齐白石，内容多样丰富，令人爱不释手。（图 74）

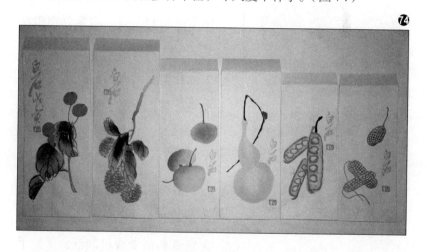

笺纸与信封，犹如针线两不相离，因此在收藏笺纸时也要留意信封的存在。笺纸的制作极其精美，信封的制作也一样用心，最普通的信封是在白棉纸封套的中间刷上一条宽约 3 厘米的红印，以便寄信人将收信者的姓名书于其上以示尊敬，右侧书写收信者的地址宝号，左侧书写寄信人的姓名地址，和现在的标准信封非常类似。一般的信封，封面上的图案非常讲究，犹如笺纸一般形形色色百花齐放，博古鼎彝、高古玉饰、瓦当纹式等固所不缺，取其高贵吉祥之意，更多的是纸店请画师专门画图，花卉、蔬果、虫鱼、鸟雁、摹古文字都很常见。有些是信笺信封采同一图案成套印制，有些专为信封而制，信封上的文字十足传达信封传递讯息的精神，例如"江南春信早，千里寄相思"或"留不住燕雨莺花，盼不到海角天涯，说不尽的相思话，著一寸书倒有千金价"，等等。曾见一信封上面印着"中有尺素书"几字，真乃名副其实；"中有尺素劝君加餐"则更显出书信传达的温馨。

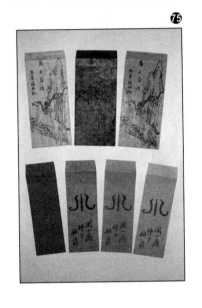

更讲究的信封也会成套印制，例如椽笔楼印制一组"马上封侯"图案的信封，同一图案分别印在蓝、黄、绿色信封上，颇能吸引人的目光；清秘阁有一款摹周小鼎文信封，分别印在绿、黄、红、粉各种颜色封套上，也是清新可人。（图75）

书写的工具已由传统毛笔变成钢笔或原子笔，使用的纸张也由宣纸棉纸变成机制纸，传统手工制作信笺如今已成历史文物，风华不再，真是令人伤感。历史的可贵在于它曾记录那段辉煌，只是笺纸的灿烂时光我无缘得见，当年平凡无比的东西如今却成为收藏珍品，但愿这些历史遗存之物还能为人类留下历史记忆。只是如今人与人之间讯息的传递沟通也已少用纸张，e—mail 的使用较书写信笺方便许多，空间的隔阂已被速率彻底瓦解。有朝一日，即使是现代的信纸信封也将消失殆尽，终成历史。因此与其凌空回顾历史，引人怀想不胜欷歔，何如珍惜当下，将现有之物发挥到至善至美的境地，使其百千年之后，在历史的轨迹中仍然可以留下闪亮的光芒。

抚昔思今，慨然一叹。

闲谈信封

　　书信在古代有不同的称谓，写于竹片上称"简"，写于木板上称"札"，写于布帛上称"帖"。当时所用的木简长约一尺左右，因此也称作"尺牍"。而书信都装入封袋函套中，故又称作"函札"。

　　信封是整体书信的一部分，信札与封套应属一体之二物，但是一般仍然重视信札更甚于信封，所以现在还能见到东晋王羲之的《快雪时晴帖》、《平安帖》，却不知道当时的信封是个什么样子。唐宋时期的信封多用竹筒、纸筒，也有用布囊，但没有实物流传下来。即使明末信笺的制作已经非常成熟，饾版拱花技术已经非常普遍地应用在《萝轩变古笺谱》及《十竹斋笺谱》上，明朝的信封形状仍然难得一见。

　　目前通用的标准信封，在封面中间有一长方形红线框，框内可书写收信人姓名，这一形制是沿袭自清朝的古旧信封。清朝最早的信封素纸无纹，通常在信封中间处由上至下、由后至前环贴一圈红纸，以作信件弥封之用；后来或许是为了节省纸张，原来环贴的红纸，改为只贴信封的背后上下封口处，仍然是具备弥封功能的；再后来这条红纸改贴在信封的正面，用来书写收件人姓名，以示尊重，上下两端并延伸至信封后面的封口处，可同时粘贴住封口，作为弥封之用，以防止这封信件事先被他人拆阅。（图76、图77）

　　后来这一红纸条不再以粘贴方式贴在信封上，而是改以印刷方式在信封正面由上至下印出一块红色长条状，作为书写收件人姓名

之用，这条红色印刷已不再具有原来的弥封功能了。北京故宫博物院举办"1988年龙的艺术展览"时，也曾仿制这种形制的信封，在纸制及绢制的信封中间三分之一处，由上至下刷印一条红色色块，颇富古意（图78）。

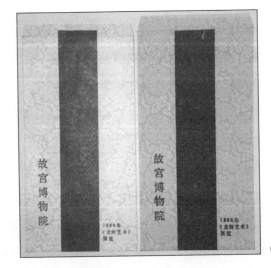

而此种信封的弥封作法，改为在信封背面上下封口处粘妥之后，加盖"护封"印记，收件人收得信件之后可以检查该印记是否完好，以确保没有被其他人事先拆阅过。这种作法和现今相类似，不过现今都盖私人印章或机关章戳，已没有"护封"两字印记。

从现存清朝实寄信件来看，当时的邮件都是托熟人或是通过私营信局传递，例如有一件在外营生的男主人陈儒林由工作之省城寄回故乡的家书上写着："关氏近日安好，以及儿女等全好。吾在外身体甚为精神，你等不庸挂念。兹因户房李、田进省，接得来信，各情皆知……"而他在回信的信封上也写着"敬烦雪田仁兄及诸位仁兄觅便捎至西王村祈交陈儒林舍下查收，弟自省拜"，并且在左上角书明"外带帛卷壹个勿误是荷"。从书写的内容可以知晓，这是请熟人代为转达的信件，如果是委托信局代递，信封上会盖上信局的印记，以明责任。

我嗜喜笺纸，爱屋及乌，对于信封一物，在能力范围内也是即见即收，不过二者数量的确相差甚多，旧信封在市面上仍然较为少见，至今能见者多为清晚期以后所制。

南纸店印制笺纸时，大多将4种、6种或8种图案成组印制，装盒出售，只有少数会将笺纸与信封成套印制，二者图案或相同或类同，这种集锦盒装予人感觉较为高贵。

例如荣宝斋所制"齐白石花卉集锦笺"，除有水族草虫图信笺8款外，另附瓜果图信封6款。这些信笺长不盈尺，信封更只寸计，但是白石老人画风朴实，匠心独运，笺封集锦成套，真叫人爱不释手。

又例如我所收藏的一本荣宝斋笺样册，上面所贴的信笺与信封都有编号，应当是门市部为方便客人选购所设置，一册共计20类

89款笺纸，其中只有12类39款笺图有同时制作信封，比例并不高。在收得这本笺样册后，又在一次偶然机会中收得其中信封3类14款，包含童戏、草虫及蝴蝶。想象中，若收到一封信笺与信封内外都是同一图案的成套信件，配上翰墨法书，那是多么富饶韵味的事啊。（图79）

当然，南纸店也都会单独印制信封出售，而这样的信封大小不一、花样繁多、形形色色，也的确让人目不暇接。例如"文美斋仿古名笺"盒装信封，长24厘米、宽10.8厘米，同一款式花卉图案，绿蓝黄橙黑五色印制。"戏鸿堂精制仿古宴客筒"盒装信封，内装3款古玉图纹封，分别为藻文佩、随玉麟符及瑑六，长20.5厘米、宽8.7厘米，均为单色印制，藻文佩以浅蓝色印在白色信封上，随玉麟符以浅紫色印在白色信封上，瑑六以红色印在淡红色信封上（图80）。此种信封命名为"宴客筒"，系取唐宋时期信封多为竹筒、纸筒形式之意，颇有复古意味。

信封的图案五花八门，与笺纸的争奇斗艳不相上下，较常见的图案有花卉、虫鱼鸟兽、人物、博古、金石文字、意寓吉祥以及节庆专用信封等等，有单色印制，也有彩色印制，代表着那个逝去年代的艺术氛围。

荣宝斋有博古图信封一套8款，采用饾版拱花技术印制，每一封面摹写3种博古彝器，四色套印，画面凹凸有致、设色高雅，上

文下图，其精致可上追《十竹斋笺谱》，每封长 21.8 厘米、宽 9.8 厘米，1935 年印制。其中一封面上题写着："博古笺八种，明胡曰从原刻，精雅绝伦，仁山响搨复印，付荣宝斋制为诗筒，此其一式。印勾记之，乙亥谷雨"。（图 81）

印勾就是寿石工（1889—1949），名鑈，字石工，号印勾、印丐、印侯等，浙江绍兴人，工书能词，喜藏古墨，是民初有名的篆刻家，著有《治印琐谈》、《珏庵印存》等书。他说这套博古图是

仁山摹写自胡曰从《十竹斋笺谱》，而此名为"仁山"者，可能就是荣宝斋当年的大掌柜王仁山，京都顺义人。他父亲王芝万是当地小有名气的农民画师，因此王仁山从小就有良好的绘画艺术氛围熏陶，他从小就来荣宝斋当学徒，头脑清楚，肯学习，办事有条理，因此一路升到大掌柜的职位。

上海粹华厂也曾印制一套博古图信封，图案与荣宝斋相似，也是摹自《十竹斋笺谱》，三色印制，但没有拱花图纹，长21厘米、宽9.4厘米，其上文字写着："文房玉盏玲珑细巧，文人骚客滴酒吟诗，传古成美谭。丙子夏日仲均，上海粹华厂摹古"。可见这套信封是印制于1936年，也可以看出这类博古图信封在当时应该颇受欢迎，所以各家都有印制。

清秘阁有一款小信封，长仅13.6厘米、宽5.2厘米，封面上有一"小"字图案，系摹自周小鼎文字，封面上写着"周小鼎，仲甲橆"，并有"清秘"二字印记。这一款信封单一图案，用红色印在不同颜色的信封上，摆放一起也显得五彩斑斓。

类似这种方式印制的信封还有艺兰堂仿瓦当文字印制的"延年"封，长13.5厘米、宽6.7厘米，封面有框，长方框内有圆形瓦当纹，上有"延年"二字，瓦当纹下有"艺兰堂仿瓦当文字"八字，同样是一款图案印在不同颜色的信封上。（图82）

另外还有橡笔楼印制的"马上封侯"信封，同样是小尺寸，长14.2厘

米、宽 6.9 厘米。封面上画着一只猴子骑在马背上，驰骋在一座雄伟山峰之前，上书"马上封侯，橡笔楼珍玩"，寓意吉祥，旧社会中用来祝贺升官晋爵最为适合。这款"马上封侯"，也是单一图案以红色印在不同颜色的信封之上，这一种形制的信封，由于色彩鲜明，颇受人喜爱，若从收藏的角度看，可视为珍玩一类，可惜的是各种颜色的信封未必能整套收藏齐全。

　　寓意吉祥的信封，因为迎合人心，所以使用非常普遍，例如东阳堂的一款"一品加封"信封，画着一只丹顶鹤及一只蜜蜂，清朝时，一品文官朝服的补子上的图案就是白鹤，因此以鹤代表位极人臣。另有同文堂的一款"官上加官"信封，画一株鸡冠花下蹲着一只公鸡，表示冠上有冠，吉祥之意甚明。同文堂另一款"喜报三元"信封，画着一只喜鹊飞向一株龙眼树，树上的三颗龙眼果子画得特别巨大，这幅图案是印在以金花纹纸制成的信封上，因此画面显得较为繁杂。但另一款"竹报平安"信封，仅画一节竹叶，白底红印，画面简洁，却也寓意甚明。（图 83）

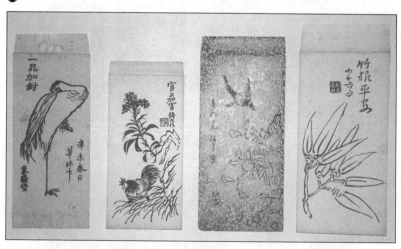

在信封上临摹金石文字，就好像在信笺纸上刻印宋版书页一般，使用时有字上加字的感觉，有人并不喜欢，但却自成一个体系。存裕堂摹汉砖文"秋水伊人"封，外有链形框，"秋水伊人"四字摹刻尚好，其他文字则较拙劣。同文堂摹汉瓦文"万岁"封，书法挺秀，且二字中画相交，为瓦文中仅见。裕记的"仁寿"封，摹仁寿砖文而得，比较特殊的是此文采阴刻方式印制，所以呈现红底白字。另有一款成兴堂"仁寿"封，也是红底白字印制，但字体并不相同，或许是摹自另一块仁寿砖。（图84）

配合节庆使用的信封以春节新年为多，同文堂的"恭喜"封及"吉祥"封，只有文字，吉祥二字更以双钩描摹。文华阁的"恭喜恭喜"封，除文字外，还画二人屈身作揖互道恭喜图样；"大吉羊"封，仅书文字，即是大吉祥之意，二者均印在红色信封之上。锦成文阁的"恭唯万福"封，"恭唯万福"四字外加方框，也以红色信封印制，除了迎合春节喜庆，或许也可以作为装压岁钱的红包使用。（图85）

花卉信封最为普遍，吴征画梅，铁干虬枝，花如缀玉，甚有名气，信封三色印刷，也显高雅（图86）。有些公司行号还会从南纸店大批选购，加印自己公司行号名称以供运用，例如中国联合准备银行从荣宝斋选购一款越园画梅花信封，加印铅字体的银行名称，整体封面看来有些突兀，但是也可以看出时代变迁中新旧融合的轨迹。张龢庵（名兆祥，号龢庵，晚清天津人，善画折枝花卉）为文美斋所画的一系列花卉信封，尺寸不大，大约长 15.4 厘米、宽 7.8 厘米，百合、水仙、牡丹、兰花均见以红颜色印封面上。

书信的功用在于传递人与人之间的关怀与讯息，因此有些信封别具巧思，将这样的心情写画在纸面上，让收信人未拆信封未读内容，即可先感受亲人友朋的思念之情，例如同文堂的几款信封都显露出这样的情思。帖青为同文堂所画的其中一款封面，除了有两只家燕及数朵落花外，其上写着："留不住燕雨莺花，盼不到海角天涯，说不尽的相思话，著一寸书倒有千金价"。另一款封面上写着

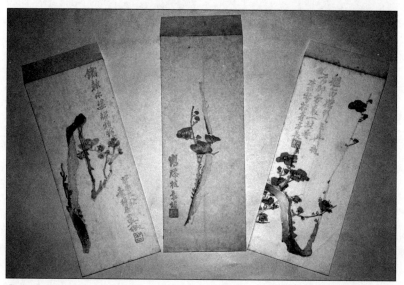

"中有尺素，劝君加餐"，并加画两条鲤鱼及两株水草。再有一款写着"雁之足，鱼之鳞，传君千里知君心"，字上画雁、字下画鱼，都传达了鱼雁传情的含意。另有一款写着"江南春信早，千里寄相思"，并且画着两位童子，一捧盆花，花且盛开，表示春天的信息已到，另一童子手持画戟，戟上有丝带飘扬，寓意遥寄相思。像这样字画均感人心的信封，递到远在千里的收信人手中时，必定会令人心情激动、泪下沾襟吧。（图 87）

古旧信封的迷人之处，除了上述种种之外，一般而言，古旧信封尺寸较小，玲珑雅致，一掌能握，也是它的讨喜因素之一。当然大尺寸的信封也偶尔可见，在我的藏品中，小者仅长 11 厘米、宽 5.1 厘米，而大者长 27.9 厘米、宽 14 厘米，其大小之间差异甚巨，真可谓琳琅满目、五花八门。（图 88）

信封的另一个功能是纪念，有些机关单位在特别的时节会发行纪念信封以供收藏，当然也兼具实际邮寄之用。台北"故宫博物院"曾于 1985 年建院 60 周年时发行一款纪念信封，其尺寸与现今使用之标准信封无异，但无一般信封的红色线框，封面浅印草书文字，右下角有一红色印记，印文曰"故宫博物院建院六十周年纪盛"，整体看来没有太多的设计感。北京故宫博物院也曾于1988年发行一款纪念信封，以纪念中国大龙邮票发行110周年。这个信封由李毅华及罗小华设计，封面中间留一大块空白方框，或许可以留作书写收件人地址姓名之用，周围则布满六条祥龙及云纹波纹，上方中间处有一红色印记，印文曰"中国大龙邮票发行一百一十周年"。除红色印记外，其余图案以单色印在白色纸质信封及金黄色绢质信封上，感觉较有收藏价值。（图89）

❽❽

❽❾

清光绪四年（1878），海关试办邮务期间，发行一次云龙邮票，简称大龙邮票，这是中国第一套邮票，为世间所瞩目，也标志着中国近代邮政的诞生。1988年11月中国邮票博物馆与香港商务印书馆在香港联合举办"中国大龙邮票展览"时，也发行一款纪念封，由曾浩明设计，北京故宫博物院印制，这款纪念封为横式，封面左方有一红色印记，印文曰"中国大龙邮票展览"，印记上下方均有龙形的设计图案，最下方写着"1988·11·11～20香港"，这款纪念封以金黄色绢质制作，也颇雅致。（图90）

　　信封的形制多矣，在那个还没有标准信封的时代，各商家无不极尽巧思出奇争胜，或构图、或填词、或设色、或淡雅，期获时人青睐，以占艺林一席之地。这些信封在使用之余，幸能流传至今，让我们还能一窥古人的技艺与巧思。昔日的文书用品，已变成今日的柜上珍藏，珍藏的目的就是让它能永远流传，以免那个充满人文艺术气息的时代作品，因时空的更迭而消弭于无形。

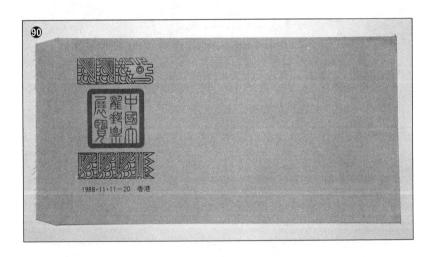

第二章

墨谱

《方氏墨谱》

明代版刻艺术堪称雄居历史巅峰，绘、刻、印技术极臻纯熟，传世作品无不受人推崇。尤其徽派版画、刻书业兴起之后，为版刻艺术增添无限璀璨光辉，例如戏曲古籍的插图，亭台楼阁山水人物，线条细腻，神韵毕现，无不精湛。《十竹斋笺谱》及《萝轩变古笺谱》也是此一时期的作品，拱花饾版技术，为版画作品增添亮丽色彩。就连制墨商家，也都聘请著名画师依他们所制佳墨，描绘墨面图案，再请刻手依图镌刻，印制成墨谱，其作用与笺谱雷同，除可作为商品宣传之用，当然也是一种艺术作品的集结，以资流传后世。

明朝徽州传世著名墨谱有 4 种：

一、《方氏墨谱》：方于鲁辑，丁云鹏、吴廷羽、俞仲康绘图，黄守言、黄德时等人镌刻，万历十六年（1588）方氏美荫堂刊本，共 6 卷。

二、《程氏墨苑》：程君房辑，丁云鹏绘图，黄应泰、黄应道等人镌刻，万历二十三年（1595）程氏滋兰堂刊本，共 12 卷。附人文爵里 9 卷，共 21 卷。

三、《潘氏墨谱》：潘膺祉辑，传为丁云鹏绘图，刻工不详，万历四十年（1612）潘氏如皋馆刊，共 2 卷。

四、《方瑞生墨海》：方瑞生辑，郑重、魏之璜等人绘图，黄应瑞镌刻，万历四十六年（1618）刊本，计内辑3卷、外辑7卷及附录1卷，共11卷。

制墨本为工匠寻常事，乃古人书写必用之文具，但徽墨经过文人雅士的加持，制作过程及材料使用都更加讲究。墨面图案的绘制、墨模的雕刻都聘请名家从事，所制作出来的墨品具有"落纸如漆、色泽黑润、经久不褪、纸笔不胶、香味浓郁、丰肌腻理"的特性，已经从一般文具用品提升为艺术珍品了。上述4种墨谱都是在这种环境下所产生而流传后世。

美荫堂刊《方氏墨谱》，是方于鲁的杰作（图91）。方于鲁（1541—1608），歙县岩寺镇人，原名大滶，字于鲁。后来因为所制作的佳墨献进宫廷，为万历皇帝所喜爱，时称于鲁墨，于是改字为名，更字建元，号太玄。方于鲁幼时聪慧，屠隆说他"生有异质，慧性天妙，识玄洞徹，综览经史，尤精物理"。他好读屈宋骚赋及汉魏六朝李唐诸家诗，因工诗，被左司马汪道昆引入丰干社为成员。他的制墨技术学自程君房，而且有青出于蓝的态势。他后来离开程君房自行开业，制墨非常讲究，例如制墨取烟要用桐液，和墨要用广胶，解胶用灵草汁，因此制造出来的墨，被文人雅

士视若珍宝，还能进贡万历皇帝使用，在一些墨谱上有"草莽臣于鲁按图制"的字样可资佐证（图92）。

他虽然从程君房学习制墨技术，但和程君房之间却充满恩怨情仇。除了同业竞争造成瑜亮情结之外，相传程君房有一侍妾，颇具美貌，为程妻所妒，赶她出门，方于鲁得知消息后，找媒人想要迎娶她，为程君房阻止，告到官府，方于鲁败诉，两人关系彻底决裂。后来程君房因故杀人入狱6年，也相传是方于鲁唆使程的族人告官所致。程出狱后，在其所辑《程氏墨苑》中纳入宋人谢枋得所写的《中山狼传》并加绘图，而且自撰《续中山狼传》，其意即以中山狼比喻方于鲁，讽其忘恩负义。

《方氏墨谱》共收录方于鲁所制名墨造型图案385式，依意分为6类，一曰国宝，二曰国华，三曰博古，四曰博物，五曰法宝，六曰鸿宝。依象分为5种，圆形曰规，方形曰萬，正直形者曰珽，修者锐者荼者葵者曰圭，其余形状者曰杂佩。

《方氏墨谱》最早刊于万历十六年（1588），但从书中所附汪道昆的《墨谱评》，署年为"壬午"（万历十年，1582），《墨谱引》署年为"癸未"（万历十一年，1583），可见这部墨谱从筹备到出刊，大约花了6年的时间，也可以看出方于鲁对这部墨谱的谨慎和用心。难怪墨谱一出，士林惊艳，其雕刻之精美，从线纹细如毫发、飘若游丝，可见一斑。

这部书比较特殊的是在图谱之前的序、引、评、赞等友人共襄盛举的文字占了很大的篇幅，计有左司马汪道昆的《方于鲁墨谱引》、利瓦伊桢的《墨谱序》、莫云卿的《题方氏墨杂言八则》、屠隆的《方建元传》、王世贞的《方于鲁墨赞》、王敬美的《方于鲁墨评》、汪伯玉（道昆）的《墨评》、徐桂的《方生行赠建元》及《墨评》、俞策具的《于鲁墨歌》、来相如的《离合作方于鲁墨诗》、朱多炡的《方林宗谢少廉吴康虞汪仲淹徐飞卿寄方建元墨赋此为谢》、袁福征的《墨按十则》、汪道贯的《墨书》、汪道会的《墨赋》、汪道昆的《墨表》，等等。这些篇幅随着墨谱的再版有一些增减，但于此也可见方于鲁的交游广阔，友人对于他此举都给予支持赞助。

一般评论他和程君房两人的性格，对他的好评较多，程君房在《程氏墨苑》中刊有《中山狼图》及《续中山狼传》，暗喻方于鲁薄情寡义，此种做法较不被认同。而且程又犯有杀人之罪，两相比较，方较胜于程。当然在制墨技巧的传承上，程君房有恩于方于鲁，因此方于鲁对于程君房的暗讽并没有采取较强烈的反击，只有在其著作中抒发心中的感触。他说："古人有言息谤无辩，又曰止谤莫如自修，自余罹难以迄于今，与仇面绝十余年，何谤书层见迭出？余未尝以一字答之也。大都因诗忌名，因墨妒利，谤从二者而生焉。夫墨以磨而知真赝，文以试而测底里，法眼有在，何用谤为？余既不能己谤、不能弭谤、不能有辩、不能无辩，于是作喻谤之篇，托为鱼登日之辩，游戏笔墨，将以解嘲。"

他自己说被程君房毁谤的原因出自诗与墨，而不提谋娶程君房侍妾之事，这也是人之常情。他自认诗、墨胜于程，也不是没有原因的，汪道昆在《方于鲁墨谱引》中说："方于鲁舍儒而攻墨，故以墨擅场，不为厚利，而为名高，故举室务专攻而不贰价。"对方赞誉有加，又说："今之足以畀古者，唯陶氏墨氏，盖柴之陶、李之墨，千古称良，吾见罕矣。我明陶氏之良莫如宣德，其在于墨，则于鲁足以当之。"屠隆也说方："善制墨，妙入神品，前无李廷珪，后无罗秘书，词林宝之，不啻圭璧。"时人认为方于鲁制墨质量不下于南唐制墨名家李廷珪，可见其墨品之精良。

其实不只方于鲁因求名高而不计成本的付出，在相互竞争之下，程君房为自己的《程氏墨苑》也一样付出心力，所以直到现在见到这两部杰出的墨谱作品时，仍然让人感到惊异，感叹当时的绘刻印技术是如此的精妙。

《方氏墨谱》的版本很复杂，这种有宣传意味的出版品，多次出版并不足为奇，更何况这其中还另有一番波折。在较后印刷的版本中有一篇方宇的序文指出，方于鲁在墨谱出版不久之后就流寓京师，墨谱的版片也散落在外，好事者加以翻刻出版，但难如人意，于是方宇拜托二三好友加以搜集，因此墨谱遂能复行于世，不过这后印本与方于鲁之前的印本还是有些许差异。

台湾师范大学艺术研究所林丽江教授在所撰《晚明徽州墨商程君房与方于鲁墨业的开展与竞争》一文中说，她曾经检视藏于国内外图书馆的30多部《方氏墨谱》，发觉出版时间有1588、1589、1596、1608、1620及1629年，相当于万历十六年至崇祯二年之间，各版本间有一些不同的特征，她归纳为7点：

一、红印，有些版本中第1册目录的最后有方于鲁的红色印记，分别是"大玄氏"、"方于鲁印"、"方建元氏"，有些则无。

二、墨图上的印记，较初印版本中有绘图者印记，较晚版本则没有。她举3幅墨图作为检查标准，分别是卷3"结绮"、"山河影"以及卷4"桃根"。

三、刻工的名字，各版本间有3种情况，一种在卷1有"歙黄守言刻"，一种在卷1有"守言刻"、卷2有"黄德时刻"，另一种只在卷1有"守言刻"。

四、出版商的名字，除了方于鲁及他的儿子方嘉树之外，另有方宇及吴万化。

五、文章标题的更动。其中一篇文章的原始标题是"方林宗谢少廉吴康虞汪仲淹徐飞卿寄方建元墨赋此为谢",较晚的版本中,方林宗、徐飞卿的名字被删去,汪仲淹的名字被提到最前面。

六、墨图上的裂痕,卷3"侑座之器"墨图悬挂钟的架子底座的右方有裂痕,但较晚的版本反而没有,推测是用另一片新的板来印制的。

七、墨图的页码,有些版本中加了"玄海搜珍"及"月渊玄蚌",有些放在卷4的最后,也有些将"月渊玄蚌"放在卷4的中间第25页,原来第25页的"清辉照海月"及"石香云"被放到后面,页码次序有所不同。

我收藏有一部《方氏墨谱》,品相甚佳,经与上述7点特征相对照,情况如次:

一、红印部分,三印俱全,但却是放置在全书的最后(图93)。此外另有2处红印,一处在第1册扉页,该红印之图案见于卷4第39页的"函翁铭"墨中,此红印力透纸背,印旁有前收藏者北平张绍武于1927年的题识,题曰:"此三连朱记为明方于鲁之押印也,因见于谱中博物篇卷4第39页墨图式函翁铭中,正面铭文,背面押文,此押实为书装成册而后钤印,薄页双折,背纸印痕为证。北平张绍武竹亭审定,丁卯夏日书志欣幸"。(图94)另一处红印在卷1扉页,图案仿卷2第17页之"台鼎"墨,图案内嵌入"建元氏"三字,甚稀见。印旁题签曰："台鼎印，见卷2第17页国华篇，墨图面上之雕文并带连珠六星，故知此朱印为方氏所钤于页首者，竹亭注。"（图95）

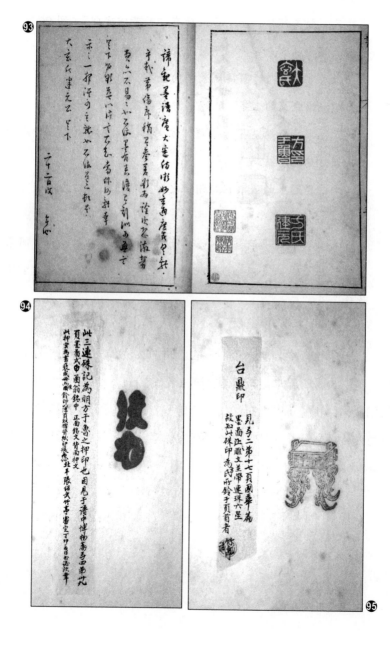

二、墨图上的印记，标有绘图者姓名的墨图不下 130 幅，丁云鹏（南羽）及吴廷羽（左千）各约居半。林教授列为检查标准的 3 幅均有"左千氏"印。

三、刻工部分，卷 1 目录后有"歙黄守言刻"（图 96），第一册《墨谱引》版心有"黄守言刻"。依据林教授的调查发现，有"歙黄守言刻"者可能是最早的版本。

四、出版商的名字，在此书中未见注记。

五、文章标题是原始标题"方林宗谢少廉吴康虞汪仲淹徐飞卿寄方建元墨赋此为谢"。

六、墨图上的裂痕在"侑座之器"架子底座右方清晰可见（图 97）。

七、墨图页码调整部分，"月渊玄蚌"放在卷 4 的中间第 25 页，卷 4 最后 4 幅分别为"清辉照海月"、"石香云"、"玄海搜珍"及"二酉"。

此七项特征经与林教授所检视海内外图书馆 30 余部墨谱相对照，我所收藏的版本与美国国会图书馆编号 H563.1/F181 的版本最为相似，但我的藏书里面，红印较其多出 2 处，且为图案印记，在林教授所撰文章中未见其提及，甚为稀罕，其版本应属万历十六年（1588）最初的印本无误。

96

四字璽

卷一國寶目錄畢

璿璣玉衡　日月九道

雙鳳闕

欽黃宇言刻

97

《程氏墨苑》

《程氏墨苑》是明朝万历年间能和《方氏墨谱》并驾齐驱的一部墨谱，虽然出版时间较《方氏墨谱》稍晚，但其规模之大及制作之精，又远超越《方氏墨谱》之上。其间有彩色墨图约 50 幅，是《方氏墨谱》难以望其项背的，难怪郑振铎先生在劫中得此书，直呼："此国宝也，人间恐无第二本。余慕之十余年，未敢作购藏想，不意于劫中竟归余，诚奇缘也。"

郑振铎先生后来在日本尊经阁文库汉籍分类目录中看到有另一部彩色墨苑，他终究知道当时彩印之本必不止一两本。台湾师范大学艺术史研究所教授林丽江在研究晚明徽州墨商程君房与方于鲁时，曾经检视国内外图书馆所藏《程氏墨苑》共 19 部，其中附有彩图的墨苑仅 7 部，包括郑振铎先生所藏、后来捐赠中国国家图书馆的那一部以及尊经阁文库那一部。彩印本墨苑虽非孤本，而且所附彩图数量不一，但已属凤毛麟角，弥足珍贵。

彩印墨图的出现，应该是程、方两人较劲的结果，是程君房为了不让方于鲁专美于前而创造出来的。程君房虽然精于制墨之道，还将制墨技术传授于方于鲁，但方于鲁却早他一步将墨品供奉朝廷，献给万历皇帝使用，还编印《方氏墨谱》流传于世，大大提升其在制墨业的地位。除此之外，两个人还存有一些恩怨情仇。程君房会在出狱之后，努力编辑这部《墨苑》，务期超越《方氏墨谱》，是可想而知的事，而将墨图彩印，确是能够凸显其墨图质量的最佳方法。

程君房（1541—？），名大约，字幼博，又字君房，以字行；号筱野，又号玄玄子、守玄居士、墨隐道人等，歙县岩镇人。程君房于24岁时捐资买得太学生的资格，并曾任鸿胪寺序班的小官，但因个性伉直，不久即离开官场，归里从事制墨业。店名初为"还朴斋"，后改为"墨宝斋"，其刻书处则称"滋兰堂"，《程氏墨苑》的版心都署"滋兰堂"。

程君房与方于鲁同年，但两人际遇不同，方于鲁年轻时家境贫寒，程家则是家境富裕，程君房还能捐资买官。方于鲁来投靠他时，应当是他离开官场从事墨业的时期，程君房说当时的方于鲁"居乡贫甚，数从人寄食饮，人多厌之。闻余喜士，士之困厄者，恒赒焉。于是构诗为贽，介余友人来谒……时值孟冬，薄寒侵人，于鲁尚曳一绨衣，肌尽生粟，余恻然加悯，随解衣授餐，处以记室之任"。他不但聘请医生为方于鲁医病，还教方于鲁制墨方法，甚至于出钱帮方开设墨坊，可见程君房对方于鲁确实有大恩。

不过因为他个性伉直，为了方于鲁想迎娶他的侍妾而告进官府，造成两人关系决裂。也因为他责备侄儿程一凤不该在父亲死后驱逐后母，让程一凤怀恨在心。他的另一个侄儿程公霖的家仆非常跋扈，被程君房以杖责而受伤，他的两个侄儿趁机联合设计陷害他，将仆人移至破庙中不加医治，遂伤重而死，程君房因而犯了杀人罪，入狱6年。他出狱后，听说方于鲁也参与其中，非常痛心，于是在《墨苑》中加入《中山狼图》及《续中山狼传》，对这些他认为忘恩负义之辈加以反击。

《程氏墨苑》14卷，分为玄工（图98）、舆图、人官、物华、儒藏、缁黄6类，每类2卷；另第13卷为物华终卷；第14卷为魏允贞、袁崇友、钱允治等人的跋及项德棻的歙游纪实，计520幅图。

❾❽

另附程君房及其友人所写的诗文评赞等文字作品编成《人文爵里》9卷。程君房编辑，丁云鹏绘图，黄鏻、黄应泰、黄应道刻版，他们都是徽派著名的木刻画家，所以《墨苑》的绘图精湛、刻工细致，在中国木刻版画史上备受瞩目（图99）。《墨苑》的内容包罗万象，如郑振铎所说："有缩古画而小之者、有摹历史故实者、也写名川大山者、有叙神话故事者、有述仙佛奇踪者，最可注意的是末卷有将利玛窦携来的西洋宗教宣传画，像圣母抱耶稣图等，加以翻刻……又有附中山狼传的，也画得有风趣之至。"

❾❾

《墨苑》中放入这4幅西洋宗教宣传画，确实是很特别的事情，如同《中山狼传》一样，它们和墨图并不相干，却被程君房收入其中。《中山狼传》的部分，程君房已有说明，他认为有一些人如方于鲁、程嘉士父子、程大德、程公霖、程一凤、洪光祖等，他们的行为，忘恩反噬有如中山狼一样，因此《墨苑》加入《中山狼图》，有程君房控诉这些人的意味存在。但收纳4张西洋宗教宣传画则可能是具标新立异、引领先声的作用，史学家陈垣（援庵）曾说："明季有西洋画不足奇，西洋画而采于中国美术界，施之于文房用品，刊之于中国载谱，则实为仅有。"这4张西洋宗教宣传画虽非墨图，但直到现在都是《墨苑》中最受到大家津津乐道的部分。

这4张宗教宣传画，包括《信而步海疑而即沉》、《二徒闻实即舍空虚》、《淫色秽气自速天火》、《圣母怀抱耶稣之像》；一般的说法是西洋传教士利玛窦送给程君房的，郑振铎这样认为，张国标所著《徽派版画》里也说："利玛窦在南方传教，将所带的其中4张西洋宗教画持赠程大约，程大约便把这4幅铜版画交给丁云鹏摹绘。"

但是，经林丽江教授比较19部各种版本的《墨苑》之后，对于这种说法有一点存疑：她发现较早出版（约1605年）的《墨苑》只有3张西洋宗教宣传画，缺第4张《圣母怀抱耶稣之像》；较晚出版（约1610年）的《墨苑》中才有全部4张，前3张附有中文及罗马拼音标题，以及图像的解说。人文爵里中还有利玛窦的《述文赠幼博程子》一文，署名"万历三十三年岁次乙巳腊月朔遇宝像三座耶稣会利玛窦撰并羽笔"。因此林教授认为程君房与利玛窦相遇于万历三十三年（1605）年尾，当时初版本《墨苑》已出版，而且附有3张宣传画，程君房将它送给利玛窦，并向他请教那3张宗教宣传画的意义，利玛窦向他解说，写了说明文字，并且送他第4

张画。利玛窦所说"遇宝像三座"，指的就是那3张画，至于他用"座"字，可能是利玛窦中文的误差所致。

林教授的说法是基于检视19部《墨苑》后归纳分析而来，应是信而可征。至于那3张宣传画，程君房从何处取得，虽无资料可查，但如陈援庵先生所说"明季有西洋画不足奇"，明朝与外国的接触已多，传教士来华宣传基督教义亦趋普遍，程君房能取得那3张宣传画，也就不足为奇了。

程君房所制墨品也呈献给万历皇帝使用过，不让方于鲁专美于前，他在"飞龙在天"及"时乘六龙以御天"这两方墨图之后所写的颂中即署名"原任鸿胪寺序班臣程大约谨颂"，另有"天老对庭"、"国玺"、"九字玺"等墨，从墨图的命名也可以看出应该都是专供皇帝使用而制作的。

《墨苑》的彩印部分，不同版本间有不同的彩图数量，最多达50余幅，包括郑振铎先生所藏那一部，有的版本则仅有几幅，有的版本甚至全无彩图。即使是同一幅墨图所用的色彩，不同版本间也有不同的情况，例如"飞龙在天"，有的版本用了四色印制，有的只用红绿二色，有的只用暗绿一色，有的则全用墨色。从彩图的多寡可以看出其印制时间的先后，彩图越多的，印制时间越早。彩色印制的工夫及成本较大，刚开始在求好心切的理念下，不计成本的付出，是可以想见的。越往后，因考虑成本等诸多问题，彩印的墨图就越少，甚至于全都不用彩印。

不过，全无彩图的《墨苑》也并非全是后印本，林丽江教授曾在法国国家图书馆看过一部墨印本《程氏墨苑》，只收2张西洋宗教宣传画，所编页码与其他版本不同。这2张宗教画与中国国家图书馆所藏彩图最多最完整的那部《墨苑》相比较，图画线条的完整性要高出许多，所以她判断法国国家图书馆这部《程氏墨苑》的成书时间要早于其他各版本，她说："程氏墨苑原来印制时，可能只是墨印本，直到稍后（大约 1605 年）才开始试验彩印本，法国国图本是少数存世早于其他彩印本的版本，也因为这个资料，我们对于程君房编纂墨谱的过程有了更进一步的了解。"

《程氏墨苑》目前存世的数量要少于《方氏墨谱》，而且其篇幅较大，欲藏全书实为不易，郑振铎先生当初收藏那一部也只有 12 卷墨图，而缺《人文爵里》。此种版画珍品，向为藏家争逐，我只收得残本 4 卷，分别为第 2 卷《玄工》下、第 5 卷《人官》上、第 10 卷《儒藏》下及《人文爵里》卷 6 下。

经查阅这有限的 4 卷《墨苑》，发觉它和《方氏墨谱》之间，有些是互有关联的。例如墨图命名方面有些是相同的，"龙九子"、"凤九雏"等在 2 种墨谱中都可见到，虽然都是丁云鹏绘图，但构图有所不同，而"龙九子"一图，《程氏墨苑》比《方氏墨谱》多了波浪纹饰，龙的造型也互有差异。（图 100）

但是也有一些墨图，在两种墨谱中完全一样，例如"螽斯羽"一图。较为奇特的是《方氏墨谱》里的"螽斯羽"是吴左千所绘，而《程氏墨苑》的墨图全为丁云鹏所绘，而两图完全一样，可以说是丁云鹏抄袭吴左千的结果，因为《方氏墨谱》出版在先。

在这少数几卷《墨苑》中，有几幅较有名气的墨图，如"飞龙在天"、"天老对庭"、"修禊图"，"百子图"等，从中就可以看出丁云鹏的绘图功力出神入化，人物的描绘，线条细致、神态各异（图 101）。龙凤的构思，灵活若现、气势非凡。而黄氏一族刻工技巧精湛老到，充分体现徽派版刻艺术的精髓。所以每一幅图画都非常引人注意，令人不忍释手。

一位收藏者在《人文爵里》卷6下的扉页写了如下的题识："程君房墨苑世称文房之密友，前在沪滨见到一部，因乱不堪负重，失之。以后未遇，今见一册，书品整洁，印工亦佳，收之尝宿愿耳，此维一册，绝称善本也。""墨苑为明朝雕版史上光辉一颗明珠，识者珍之，亦是收藏之上乘佳品。"

卷6下纯属文字，包括墨书、墨解、墨谈、墨经、释问、玄对等，而无一墨图，即便如此，却依然受人喜爱，可以想见刻有墨图的墨苑是如何珍稀而为人宝藏了。

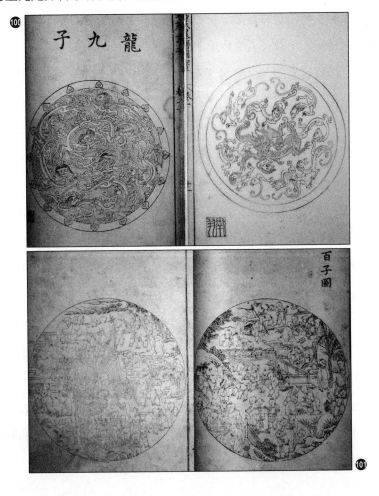

《方瑞生墨海》

《方瑞生墨海》又称《方氏墨海》，明朝方瑞生编辑，郑重、魏之璜绘图，黄伯符镌刻，万历四十六年（1618）刊印，包括内辑 3 卷、外辑 7 卷、附录 1 卷，是明代著名徽派墨谱之一。

方瑞生，生卒年不详，字澹玄，新安人。他是当时名士袁中道的弟子，早年曾参加科举考试，但因酷嗜制墨而放弃追求功名，主张"所贵墨者，黝如漆，轻如云，清如水，浑如岚，香如婕好之体，不玉蕴而馨，光如玄妻之发，不膏沐而鉴"。

他沉迷墨事已到无以复加的地步，他在后序中说："予耽墨有年，浸淫墨海庶几卒业矣……墨有玄德、有玄才、有玄韵。入水不渍，着手不污，德也。利可截纸，汁堪入木，才也。黑拟点漆，翳若浮岚，韵也。合此三者，真堪当友朋。"他的朋友们笑他"癖中膏肓"。

《方瑞生墨海》内辑 3 卷，专载墨法与墨家文献，分别为卷 1《玄鲭录》、卷 2《仙墨函》、卷 3《说墨合》；外辑 7 卷，刊古墨图谱 148 式及他自己制作的墨品图谱 234 式，分别为卷 1 及卷 2《古墨束》、卷 3《墨事摹》、卷 4《龙宾乘》、卷 5《玄符征》、卷 6《玄象藏》、卷 7《墨晕》；附录 1 卷刊载诸家题赞。

卷 1《玄鲭录》，又内分霏屑、具眼、郢斤、浑余共计 15 辑。

霏屑 2 辑，摘录古籍中与墨相关之记载，以存世流传。方瑞生说："玄钥既启，玉屑霏霏，王谢家物，聊借以挥。"

其中他摘录一段茶与墨之异同处如下："茶欲其白常患其黑，墨则反是；然墨磨隔宿则色暗，茶碾过日则香减，颇相似也。茶以新为贵，墨以古为佳，又相反矣。茶可以口，墨可以目，蔡君谟老病不能饮，则烹而玩之，吕行甫好藏墨而不能书，则时磨而小啜之，此又可以发来者之一笑。"

吕行甫，名希彦，字行甫，相门之子，为人颇富义气，与苏东坡互有往来。苏诗中有《送吕行甫司门倅河阳》曰："结交不在久，倾盖如平生；识子今几日，送别亦有情。子生公相家，高义久峥嵘；天才既超诣，世故亦屡更。"苏东坡对他的才华义气颇有赞赏。另有《走笔谢吕行甫惠子鱼》曰："卧沙细肋吾方厌，通印长鱼谁肯分；好事东平贵公子，贵人不与与苏君。"此诗则用以感谢吕行甫送苏东坡鳝鱼解馋。

吕行甫好藏墨，士大夫戏称他为"墨颠"，明朝陈继儒的《珍珠船》卷4中说："滕达道、苏浩然、吕行甫，暇日晴暖，研墨水数合，弄笔之余，乃啜饮之。"

具眼2辑，摘录与古墨鉴别有关之记载，其中有一段苏东坡对佳墨的看法如下："世人论墨多贵其黑，而不取其光，光而不黑固为弃物，黑而不光，索然无神采，亦复无用。要使其光清而不浮，湛湛如小儿目睛乃为佳也。"又摘录《相墨经》说："墨之佳者，拈来轻、嗅来馨、磨来清。"这些记载都可作为辨别墨之良窳的参考。

郢斤2辑，摘录墨之运用相关记载，其中一则与王献之有关的传说："王献之于会稽山见一人，黑身披云而下，左手持纸，右手持笔，以遗献之。献之受而问曰，君何姓字，复何游笔计奚？施答曰，吾象外为家，不变为姓，五常为字，其笔迹岂殊吾体耶。献之佩服斯言，退而临写，向逾三载，竟悟其微，时人称曰墨宾。"方瑞生依此传说制作一方"象外传教"墨，置于此《墨海图》卷3之中（图102）。

渖余9辑，杂录其他与墨事相关之记载，数据更为丰富，有欲罢不能之感，方瑞生自言道："海不谢众流，滴水具全海味，墨渖正自堪啜也，世有君谟当属蔗境。"

笔墨纸砚文房四宝，众所皆识。而凡物皆有神，此文房四神却少有人知晓，方瑞生在渖余中说："砚神曰淬妃，墨神曰回氏，纸神曰尚卿，笔神曰昌化，又曰佩阿。"可长一知识也。

古墨价昂，但高到什么程度，不是一般人所能理解。渖余中记载，宋徽宗曾用苏合油搦烟制成墨，至金章宗时，此种墨一两价值黄金一斤，虽然有人想仿效制作，始终不能成功，此墨被称为墨妖。

方瑞生对于李白及苏东坡极为推崇，他称李白为谪仙，称苏东坡为坡仙。卷2《仙墨函》，内含李苏韵墨（含墨图30品）、群仙戏墨及二仙别墨，主要刊载李白及苏东坡二人与墨有关的诗文，也兼及摘自《列仙传》、《神僧传》、《会昌解颐》等古文献中与墨相关之神仙故事。

方瑞生以他多年钻研墨事的心得，标志品鉴墨品的八项原则，即他在卷3里所说的清远神、观墨香、声色相、本色光、烟胶契、形制略、不朽珍、玄赏会。

墨以清远为第一。所谓清远，即是苏东坡诗中所说的境界："翠色冷光何所似，墙东鬓发堕寒鸦。"高超制墨技术所制成的墨，除了具有清远神采外，自有一种异香，此种异香不在嗅觉间，而在眼观中，会者自知。旧墨从其声色可以鉴知，以手弹之，铿铿作金石声，其色黯然有如枯松枝，但在暗朴中仍具备墨的自生光彩，所谓"杳杳冥冥，其中有精"，此即墨之本色光。制墨的原料主要在烟与胶，一般论者认为制墨宜胶轻，方瑞生则认为制墨在烟与胶均适，均适则两者相契合，烟胶能相契合，墨品才能愈久愈坚；如果胶轻，则目前虽然可用，但久置不敌水，且研磨如土灰。此种对胶之法如能领悟，制墨的技术就算到达极致了，所以不必诡制奇形、曜人耳目。这种墨才能存之久远，为人珍藏。这种流传不朽的佳墨，用来临池者少，品鉴珍赏者多，此物可称为墨宝。

《方瑞生墨海》除了内辑摘录与墨相关之轶闻神话诗文，以及方瑞生自己对墨事的一些见解之外，最重要的还在于外辑的7卷墨图，包含从轩辕氏以至元朝诸家古旧名墨，统称"古墨束"，计148式。其中轩辕氏时代的墨品或墨图已无流传，但仍有一说，墨自轩辕氏即有："帝鸿氏砚，治为墨海，墨之肇自轩辕，信有征矣。作墨者一云田真，一云邢夷。"方瑞生将此一说纳入古墨束，以待博雅者考证（图103）。

另外，在《程氏墨苑》及《方氏墨谱》中都有的一幅《飞龙在天》墨图，在《方瑞生墨海》的

《古墨束》中也有，背面铭文曰"永徽二年镇库墨"。《春渚纪闻》里说任道源家有唐高宗时墨，二斤许，质坚如玉，石铭云永徽二年镇库墨。可见《程氏墨苑》及《方氏墨谱》中有些墨图也是仿古制作的。

除了这幅《飞龙在天》，3种墨谱都有刊印之外，《螽斯羽》也一样出现在这3种墨谱中。另外，《方氏墨谱》中的"台鼎"墨，《方瑞生墨海》中也有，可见当时的制墨商家间还是有一些相互参考借用的情形存在。

苏东坡的文才举世闻名，同时他也是藏墨大家，方瑞生对他非常尊崇，古墨束里也收有苏长公制"雪堂义墨"。苏东坡在黄州时，邻近四五郡皆送酒来，苏东坡将它们合置于一容器内，称为雪堂义罇。后来他在试墨时，从36丸墨中选出十余品好墨，将它们捣合成1品，即是"雪堂义墨"（图104）。

方瑞生与程君房、方于鲁同为晚明时期人物，也同为制墨名家，但他对程、方二人却是十分敬重，不似程、方二人之间，充满愤懑。他在《墨海》中纳入程、方二人的墨作，他说："墨之在万历，犹诗之有盛唐，诸名家递起，岩中方、程为之嚆矢，而方有谱、程有苑，核古搜玄，不遗余力，彼诚千秋自命者，以不朽之精神攻墨……吾于二氏亦云，爰表之以志一时之盛。"

他的《墨事摹》卷中的墨图极为精彩，每一幅墨图都是一篇精彩故事，绘图也极为精致。例如相传唐玄宗御案桌上用墨称为龙香

剂，有一天玄宗见墨上有一小道士在行走，其小如蝇，见到玄宗即呼万岁，自称是墨之精，黑松使者。方瑞生将此奇闻绘成图，制成"墨精"墨，墨呈椭圆形，布满云纹，其上有一黑衣小人，画面虽然不繁复，却显得奇特，颇引人注目。（图105）

这样的墨图甚多，又例如另一幅《道子壁观》墨。唐朝吴道子是一名画师，唐明皇召入宫中，命他在一面粉墙上作画。吴道子调墨一盆，尽泼墙上，顷刻间山水林木人烟鸟兽无不具备，玄宗赞叹不已。吴道子对玄宗说，这山壁下有一个山洞，里面住着神仙，他以手指轻敲画面，忽然间洞门打开，有一位童子出来伺候着，吴道子遂进入洞中，并招玄宗入内。玄宗不能入，瞬间洞门关闭，吴道子不知去向，而他所画的墙壁依然洁白如昔，一点墨迹都没有。这幅墨图画着吴道子正以手轻敲山壁，玄宗站立后面双眼关注，神情逼真，山水林木人物衣裳，线条细腻，构图严谨，确是一幅好图。（图106）

《方瑞生墨海》刊印于万历四十六年（1618），时间晚于《方氏墨谱》及《程氏墨苑》，名气也有

不及，但是方瑞生编辑这部《墨海》还是非常用心，除了摘录古籍中相关墨法与墨家文献，还搜集古墨图，编辑 2 卷《古墨束》，以供研究或收藏古墨者参考。此外，他新制墨图也极为丰富，琳琅满目，所以得到当时许多官吏及文学艺术名士为这部《墨海》题识赞语，方瑞生将这 26 个人的题赞附录于《墨海》的最后，诸如董其昌、利瓦伊桢、梁廷栋、焦竑、毛纶、袁中道等人都名列其中。

《方瑞生墨海》流传并不广，世所罕见。所幸 1927 年，武进陶湘有感于百年来墨品日坏，用者不求甚解，造者唯利是射，使精美之品流入商贾一途，他意欲绵延墨法于一脉，所以汇集宋朝李孝美《墨谱法式》等 12 种著作编为《涉园墨萃》一书，《方瑞生墨海》亦在其中。周绍良先生撰《涉园墨萃跋》中说："其中方瑞生墨海、袁励准中州藏墨录端赖此书一睹珍秘。

宛平袁励准为《涉园墨萃》所撰序中说："别有四库未收而又世所希觏者，则为方瑞生墨海，内辑三卷，撷拾墨说甚富，外辑七卷，自汉魏至金元，下逮有明诸家及瑞生自制，悉具图式，缀以题赞，觥觥巨制，容积之量，渊然如海，洵无愧色。

陶湘自序中也说："方澹玄墨海，为书三卷图七卷，法详式备，语有统宗，虽间有附会之处，不得不谓集大成者，惜流传甚希，四库未录。

我收藏一部《方瑞生墨海》，是《涉园墨萃》蓝印本，牌记曰"丁卯仲秋涉园影印，翻阅即可见陶湘一贯刻书风格，文字部分悉数重刻，包含内辑 3 卷、外辑 7 卷之目录及附录题赞，而外辑 7 卷墨图及题识则为影印，以存其真。虽为影印，图画线条却极为清晰，有如重刻。陶湘涉园刻书与董康诵芬室刻书齐名，校订精良并且讲究纸墨、行款、装订，堪称善本，令人向往。

《鉴古斋墨薮》

陶湘先生所辑的《涉园墨萃》里不仅辑入《方瑞生墨海》，还另收录清朝汪近圣的《鉴古斋墨薮》4卷及附录1卷，以红橙蓝绿紫金黑等七彩印制，炫目异常。

汪近圣，生卒年不详，号鉴古，徽州绩溪县尚田村人，原来在曹素功墨坊当墨工。曹素功（1615—1689），字昌言，歙县岩镇人，顺治十七年（1660）贡生，康熙六年（1667）授布政使，因无实职，遂返回故乡开设"艺粟斋"墨坊经营墨业，是清朝著名制墨大家。康熙六十年（1721），汪近圣离开曹家独自在徽州府城开设"鉴古斋"墨坊，他所制作的墨，坚硬细密，光泽明亮，雕镂之工，装饰之巧，无不尽美。江右分巡使者明晟撰《汪近圣墨序》中说："昔廷珪父子遇知于唐祖，而近圣乔梓蒙选于本朝，其制作之精良，古今一辙，前后相同，此是亦千古之盛事，前后之美谈也。昔苏长公有云，竹脉一派近在彭城，余谓隃麋一道近归汪子，谓今之近圣，即昔之廷珪可也。""隃麋"本为汉之县名，以产墨著称，后被引申代表墨业一事。明晟将汪近圣比拟唐朝制墨大家李廷珪，虽是恭维，但也可以看出汪近圣制墨工艺的精湛水平。

汪近圣和曹素功、汪节庵、胡开文被称为清代徽墨四大名家，其中他与胡开文是绩溪人，四居其二，可见绩溪制墨业的盛况。但从后世看来，胡开文的子孙众多，分布大江南北，继承和发展先人的制墨工艺，影响较大，名气较胜于汪近圣，绩溪也被称为"中国

徽墨之乡 。

乾隆年间的《绩溪县志》记载："汪近圣制墨精妙，六邑争购之。乾隆辛酉六年，子兆瑞同吴庆禄召选入京，于御书处开局监制，近圣墨名，遂播一时。

乾隆六年（1741），朝廷诏谕和硕和亲王及多罗慎郡王，向新安产墨之乡征召"制墨教习，汪近圣的次子汪唯高（兆瑞）获选入京，在御书处教习制墨 3 年，汪近圣因此名气大振。他以制作集锦墨著称，当时人称他所制墨"坚如金石，其声锵锵，墨如齐漆，其声苍苍 。长子尔臧、次子唯高、孙辈君蔚、炳宇、穗歧、曾孙天凤等一门子孙均能克绍箕裘，唯高善于制墨，其兄尔臧在诵读之余，广搜古墨及其制法，二人合作相得益彰，汪氏制墨质量更见提升。乾嘉年间，君蔚、炳宇、穗歧及天凤等人辑录其祖近圣父子所制墨图为《鉴古斋墨薮》。

周绍良先生撰《鉴古斋墨薮跋》说："曹素功编曹氏墨林二卷，今尚有传世者，继之者亦不乏其人，最后一部当属汪近圣之鉴古斋墨薮。但这部墨薮却超越曹氏墨林、悟雪斋墨史而上仿方氏墨谱，为清代墨谱之冠。"他所看到的这部《墨薮》共计 8 册，前 4 册为各家题赠之作，后 4 册为图录，以御制诗墨冠首，继之以鉴古斋墨肆用做标榜应市之墨。

陶湘《涉园墨萃》里辑录重校之《鉴古斋墨薮》4 卷及附录 1 卷，合订 3 册，第 1 册含卷 1《睿亲王赞》、《赵青藜序》、《明晟序》及《乾隆朝贡墨》，第 2 册含卷 2《乾隆朝贡墨》及卷 3《嘉庆朝贡墨》、《王绥集文心雕龙赞》，第 3 册含卷 4《鉴古斋制墨》及附录《诸家题赞》，其编排和原刊《鉴古斋墨薮》有很大差异。

《鉴古斋墨薮》原刊不分卷，如周绍良先生所见，前刊各家题赠文字，后刊图录。陶湘重刊之本，卷前序赞仅留和硕睿亲王《墨赞》、赵青藜《叙》及明晟《汪近圣墨序》，照原刊文字仿刻。其余各家题赞200余篇均重刻置于卷后作为附录。图录的编排次序也都作了调整，原刊以御制四灵图墨冠首，陶版以御制耕织图诗墨冠首，在图录方面，陶版较原版增加许多，例如增加"御用彩朱"（图107）、"御制铭园图墨"、"鉴古斋墨谱铭"及较多的鉴古斋墨坊应市名墨，图录更形丰富，并且以七彩印制，在诸多墨谱中独树一帜，更显色彩缤纷、琳琅满目（图108、图109）。

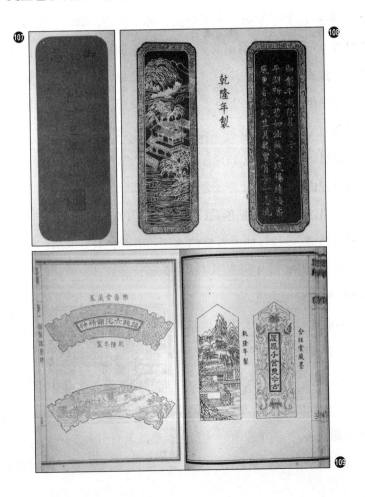

汪近圣制作集锦墨传世有名，例如"御制耕织图诗墨"计47方，含御制序1方、御制诗1方、耕图22方、织图23方。御制罗汉赞墨17方，含罗汉图16方及御题识1方。御制四库文阁诗墨5方，含御制诗、文渊阁、文溯阁、文源阁、文津阁各1方。御制四友图诗墨4方，包括松竹梅兰各1方。御制四灵图诗墨，含龙凤龟麟各1方，等等。这些御制集锦墨都放置在制作精美的墨匣内，例如御制罗汉赞墨的墨匣盖黑底金纹，金色描绘双龙及祥云图纹，匣盖中间以金色书"御制罗汉赞墨"数字，非常高雅尊贵（图110）。

鉴古斋应市墨品种类繁多，有名为"滁上两峰濮嵋"者曾将其墨品诸名嵌入诗中曰："方'璧'圆'圭'葆瑞光，'恩承湛露'合珍藏，浥'天膏'吐心花艳，'触石云'生月桂香。'墨苑萃精'传'万载'，瓦池点漆驾三唐，'南宫水'制'青麟髓'，'东壁图'盛赤豹囊。'凤舞龙翔'供几案，鸡窗萤火重胶庠，拈毫自羡金为质，

染翰人夸'玉在堂'。张旭古今称草圣，廷珪父子赞工良，文魁妙品犹堪宝，况有'千锤百炼霜'（万杵凝霜）。"不论是墨以诗传，或是诗以墨传，均属美谈。

《鉴古斋墨薮》所制佳墨质量高名气大，售价自然也不便宜，例如其"御制花卉图诗"墨每部售价银200两，以二提梁盒装；"御制题画诗"墨及"观槐洋菊诗"墨每部售银80两；"御制仿古砚"墨每部售银60两，均属高价。但也有较低价位以供大众使用的墨品，例如"汉瓦黄山"墨，每函仅售1两；"即墨吉货刀"墨每函也仅售银8钱而已。而其墨品中被认为最佳者名为"圭璧光"墨，每斤售银11两。

乾隆丙午年（1786），蜀东李腾霄到新安选购佳墨，看到鉴古斋墨品，制作精良，与古为俦，因此题诗以赠曰："鉴古主人义气豪，端心翰墨少微高，豹囊什袭须龙尾，彩笔生花足染毫，墨品精良费苦工，腾辉圭璧制玲珑，盛名早已通天府，何必区区论素功。"他不但称赞"圭璧光"墨的精良，并且认为鉴古斋制墨名实相符，更胜于曹素功。

另外，长白富祥也称赞"圭璧光"墨，他说："廷珪垂誉后，圭璧孰相同。"

汪近圣对于其自家鉴古斋制墨的质量有很强的自信，他说："易水之派衍至新安，而徽墨遂驰名于京省，美于寰区矣。今本斋留心鉴古，刻意追新，印式精良，片片夺天工之巧，墨材美备，时时飞翰苑之香，创制既无弗精，足供雅玩，命名又靡不当，诚可赏心，海内具真鉴者尚其辨之。"

南唐时，河北易水奚超一族，以善制松烟墨著称，他们的制墨方法，世称"易水法"。后来奚氏一族为避难迁移至歙县，继续从事制墨业，奚超之子廷珪为南唐后主李煜之墨官，所制墨甚为后主赏识，赐姓李，改称李廷珪。

汪近圣鉴古斋墨坊的制墨方法，自称承袭自易水一脉，法必宗于古，式必从其新，以示其质量之精良及形制之创新，所谓追原易水，制作精良，法鉴乎古，质超其常。古吴周天式有诗曰："易水真传道自藏，先民遗法重精良，汪君妙技超前后，捣出乌金夺玉光。"张书勋也有诗赞曰："歙墨多名家，汪氏尤杰出，黄山千尺松，捣作隃糜质。轻烟细若雾，奇光黝如漆，上追唐李奚，父子相继述。珍重遍艺林，声华达帝宝，三年供奉久，宝函光瑟瑟。"

鉴古斋墨业在乾隆嘉庆年间达到高峰，《墨薮》亦在此一时期刊印。经营至咸丰同治年间，因太平天国战乱而受挫，虽然较为没落，但仍持续经营至抗战初期，在南京、武汉的墨庄才全部歇业。

第三章

套印古籍

套印本

白纸黑字是我们对书籍的一般印象。在古籍收藏中，也有人特别喜欢追求纸白墨黑、字大如钱。

印刷术还没有发明之前，书籍是用手抄写的，且大多用墨写，但为了某些需要，也会加入不同颜色的字以做区别。例如梁朝陶弘景的《神农本草经集注》，他用红色书写神农本草经原有文字，用黑色书写新增的注，朱墨分明，一目了然。

唐朝陆德明撰《经典释文》里也说："先儒旧音，多不音注，然注既释经，经由注显。若读注不晓，则经义难明，混而音之，寻讨未易；今以墨书经本，朱字辨注，用以分别，使较然可求。"可见书籍除了墨书之外，朱墨套写，自古已有。

印刷术发明之后，雕版印刷也多是墨印，但朱墨分书的需求仍然存在。随着技术的进步，朱墨套印的技术于焉产生。现存最早的朱墨本古籍是元代至元六年（1340）中兴路（今湖北江陵）资福寺刊印的《金刚般若波罗蜜经注释》，经折装，经文红色，注文黑色。卷末有无闻和尚注经图，其中人物3人、书案方桌、彩云灵芝均红色，松树黑色，红色系涂以丹朱。《注释》至今已670年，展卷仍然朱墨分明灿烂夺目，目前收藏在台北"国家图书馆"。

但是这件《金刚般若波罗蜜经注释》是如何印制的？对于这个问题却有不同的说法。依据昌彼得先生《元刻朱墨本金刚经题识》一文中说，经他对《金刚般若波罗蜜经注释》的细察研究，是在一块书版上先墨后朱分两次印制出来的。但是王重民先生撰《套版印刷法起源于徽州说》一文却认为："它的印法虽说使用了朱墨两色，但恐怕不是两版套印，而只是一版涂上两种颜色印成的。当然也不是一块版，涂两次色，印两次。"

套印的方式可分为单版印制及多版套印，单版印制又可细分为单版多色及单版多次印制。

单版多色是在一块书版上依据书本的需要，同时在不同的部位刷上不同颜色。例如书的正文涂黑、眉批涂红，然后覆纸印制，印出来就是朱墨二色的印本。

依据郑振铎先生所写的《中国古代版画史略》一文的说法，万历年间程氏滋兰堂所刻《程氏墨苑》，以彩色印制者50多幅，是同时在一块板上涂上不同颜色后覆纸印制出来的。另外一部《花史》，其彩色刷印的方法，完全与《墨苑》相同。他的彩色本《程氏墨苑》系得自陶湘所藏，他在《劫中得书记》中也说："此书各彩图，皆以颜色涂渍于刻版上，然后印出……顷阅日本尊经阁文库汉籍分类目录，知阁中亦藏有彩色墨苑一部。"但昌彼得先生在所撰《套版印书术的演进》一文中说，他除了看过《程氏墨苑》墨印本外，也看到图上有彩色的，但仔细观察，系用手描着色，并非刷印。

单版多次则是在同一块书版上分色分次印制，昌彼得认为元刊本《金刚般若波罗蜜经注释》，即是用这种方式印制出来的。

多版套印是根据书本的需要，每一种颜色的文字都要刻一块板，并且要很精确的刻在书页原来的位置，然后依次逐色套印，印好后才算是一张完整的书页。

因为同一张纸需在不同的书版上刷印，因此刻、印都需要有高度精密技术。颜色越多越难达到完美，多一种颜色就需要多刻一次版、多一次印刷工夫，颜色越多成本自然也越高，非有巨资者不能为也。叶德辉在《书林清话》卷8中说："斑斓彩色，娱目怡情，能使读者精神为之一振，然刻一书而用数书之费，非有巨赀大力不克成功。"因此套印本书一般而言质量较墨印本书高。

从实物来看，套印技术最早始于元代，却盛于明朝晚期。万历年间，乌程（浙江吴兴）凌（凌蒙初、凌瀛初）、闵（闵齐伋、闵昭明）两家将这种印刷技术发扬光大，而且质量均佳。他们所刻印的书籍除朱墨套印本外，还有三色、四色、五色套印。

陶湘是中国藏书家中收藏闵、凌两家刻书最多的人，他所撰《闵版书目》，内容包括闵、凌两家所刻印书籍。书目之所以统称为"闵版"，陶湘提到，闵齐伋与凌蒙初"生同时，长同邑，性复同嗜，而闵氏中如齐华昭明等，凌氏中如瀛初汝亨等，两家父兄子弟汇辑各名家之评论批点，分别颜色均以套版印行，盖编纂未必闵氏，而印行必属闵雕，此闵版之名风行海内也"。

另外凌启康在三色套印本《苏长公合作》凡例中说："朱评之镌，创之闵遇五。"此说未必正确，但也可看出闵家在晚明套印技术上的地位。

依据陶湘《闵版书目》统计，他所收闵、凌两家所刻印的书籍共137种，知之见之而未得者8种，合计145种，但这应该还不是这两家所刻印的总数。其中多数为朱墨两色套印，三色套印13种，四色套印4种，五色套印1种。

依据雷梦水《书林琐记》记载，陶湘的这批套印本后来因生活拮据分2次出售给荣厚及溥仪。抗日胜利之后，这两批图书辗转都归入东北图书馆（现今辽宁省图书馆）。

王清源先生撰《武进陶氏藏闵凌刻套版书源流考》一文中说，

经他将《闵版书目》与辽宁省图书馆馆藏闵凌套版书进行核对，发觉有个别套印色数与实际不符之情形。经实际考查得知五色套印仍是 1 种，四色套印应为 2 种，三色套印 19 种，单色墨印 1 种，墨印后钤印朱色圈句 1 种，其余均为朱墨套印本。

叶德辉《书林清话》卷 8 中说："五色套印，明人无之。"应是未曾见过凌刻五色套印《文心雕龙》之故。

套印书籍进入清代以后仍然盛行，较著名的例如康熙年间《御制古文渊鉴》及乾隆年间《御选唐宋文醇》都是四色套印；康熙年间《劝善金科》、乾隆年间《昭代萧韶》都是五色套印；道光甲午年（1834）卢坤刻芸叶盦印《杜工部集》是六色套印，更是套印书籍中的第一名。

套印技术除用于书籍之外，还用于版画印制。万历年间安徽歙县程氏滋兰堂所刻《程氏墨苑》，以彩色印制者 50 多幅，五彩缤纷，光辉夺目。天启年间江宁人吴发祥刻印《萝轩变古笺谱》、天启崇祯年间十竹斋主人胡正言刻印《十竹斋书画谱》及《十竹斋笺谱》等，更是青出于蓝，匠心独运。套印技术更发展为饾版及拱花技法，为明末版画艺术开启一片天。清刻《芥子园画传》及《文美斋笺谱》等流传甚广，甚受好评。各地民俗年画及南纸店笺纸的印制也都是套印技法的另一种发挥运用。

套印书籍费工费时费钱，但在中国书史上却有人乐此不疲，用心经营，留下一批光彩夺目的珍贵遗产，为后人所搜罗珍藏。

傅增湘在为《闵版书目》所写的序上说：

> 其格式则阑上录批评，行间加圈点标掷，务令词义显豁，段落分明。皆采撷宋元诸名家之说，而萃之一编，欲使学者得

此，可以识途径便诵习，所以为初学计者，用心周至，非徒为美观而已……近世侈谭版刻闵氏之书，或以为近于批尾之习，为大雅所不屑顾。谛观之，其标点脉络分明，使后学披览有引人入胜之妙，其版刻精丽足娱老眼。

20世纪30年代，黄裳买到一本许槤刻没有套印的《六朝文絜》白文本，请傅增湘作跋。傅跋说：

> 此许氏刻成最初印本，行间尚未以朱色圈点加入，颇为难得……按文字标点，起于南宋坊估，于古法已有违庚，至明季闵凌二氏乃创为新式，取圆围角点，以五彩套印，斓然行间，其意要为便坊塾诵读而作。近世大夫，转争相赏玩，高价购取，置诸精本之列，侈为美观，此其所见与儿童何异？

在大藏书家眼中，这种套印书籍系为研读学习之需而做。如仅注重外观，把色彩斑斓当成收藏主因，这是他所无法认同的。

二色套印本

《桐阴论画》

《桐阴论画》，清秦祖永（1825—1884）所著。祖永字逸芬，号声白、楞烟外史，室名桐阴馆，因此又别号桐阴生。江苏金匮（今无锡）人，道光贡生，官居广东碧甲场盐大使。善书画，尤深研六法，山水以四王为宗，著有《桐阴论画》、《桐阴画诀》、《画学心印》等。

秦祖永作画笔情超逸、不染点尘。同治五年（1866）滇南马秋原在跋里说："前年偶见数帧，款曰逸芬，笔墨超脱，气味深厚，镕铸荆、关、董、巨、倪、黄、吴、王诸大家，直入国初四王之室。"可见其书画功力不凡，由其来品评明末清季书画家，亦有其可观之处。

《桐阴论画》共3编6卷，初编3卷刊于同治三年（1864），二编三编刊于光绪六年（1880）。

初编品评明末清初书画大家、名家共120人，并附录闺秀名家4人。二编亦品评明末清初书画家120人，三编品评清中叶以后书画家120人。

秦祖永以神、能、逸、妙四品原则来评议画家。他在《例言》里说："所标品目，非可执一，有神而兼逸，有能而兼逸，有神与能兼擅而仍无失为逸，亦有神而不能，能而不逸。"他将董其昌、王时敏列为神品，有别于一般视其为逸品之标准。他在《跋语》里说"此编但论笔墨当造微入妙，人品高下不计焉"，可见有其自己独到的见解。

此书朱墨套印，画家姓名及正文墨印，姓名之下有秦祖永之评等朱印；正文之后有画家小传朱印；版框之上有秦祖永之题识朱印。朱墨分明，读者能一目了然。

吾所藏《桐阴论画》是日本明治十三年（1880）复刻本，日本易堂刻点辑评，鱼菜园藏版，大阪府人寺西养藏等人出版（图111）。此书除复刻原同治版本外，寺西养藏还纂辑与书中所提书画家相关之资料，以墨印增印在原秦祖永朱印题识之上，且注明数据来源，例如董其昌资料源自《袁中郎集》、王时敏资料源自《梅村诗集注》等。

此日本明治刻本虽然年代较近，但加入寺西养藏之训点纂集数据，内容更为丰富，读者所获更多；而且板框上之题识朱墨并列，纯就朱墨套印本美观上言，亦较原本更胜一筹（图112）。

《韩文公文钞》

明朝晚期，套印书籍除了闵凌两家成其大宗之外，另有其他出版者也出版套印本，茅坤即是其中之一。

茅坤（1512—1601），字顺甫，号鹿门，浙江归安人。嘉靖十七年（1538）进士，曾任青阳、丹徒知县，累官至大名兵备副使。他是明代著名的古文学家，著有《茅鹿门先生文集》，编有《唐宋八大家文钞》，盛行海内，当时即有"乡里小儿无不知茅鹿门者"之说。

茅坤反对文必秦汉的主张，提倡学习唐宋古文，所编《唐宋八大家文钞》，包含韩愈、柳宗元、欧阳修、苏洵、苏轼、苏辙、曾巩、王安石等8人文章共164卷。茅坤选文之目的在于宣扬这8人文章中的《六经》精髓，这部书历经几百年来流传不衰，"唐宋八大家"之名由此盛行。

《韩文公文钞》即是他所编《唐宋八大家文钞》之一，也是八大家之首。本书共16卷，收录韩愈表状8首、书启状44首、序28首、记传12首、原论议10首、辩解说颂杂著22首、碑及墓志碣铭40首、哀辞祭文行状8首。

茅坤对韩愈极为推崇，他在《韩文公文钞引》中说：

> 昌黎韩退之崛起德宪之间，沂孟轲、贾谊、鼌错、董仲舒、司马迁、刘向、扬雄及班椽父子之旨而揣摩之，于是时誉者半、毁者半，独柳宗元、李翱、皇甫湜、孟郊二三辈相与游从，深知而笃好之耳，何则于举世聋聩中而欲独以黄钟大吕鉴訇其间，甚矣其难也。又三百年而欧阳公修、苏公轼相继出，始表章之，而天下之文复趋于古……予故于汉西京而下八代之衰不及一人也，首揭昌黎韩文公愈……昌黎之奇，于碑志尤为

嶻削，予窃疑其于太史迁之旨，或属一间以其盛气掐抉幅尺峻而韵折少也。书记序辩解及他杂着，公所独倡门户，譬则达摩西来独开禅宗矣。

此书朱墨套印，其中韩文墨印，评语及圈点画线则朱印。每篇文章之始，在篇名之后均有评语，字里行间及版框之上亦偶有评语，展卷仍是朱墨明朗。（图 113）

细看此书套印技法，四周单栏墨印，但在左右下角都可见朱印直角线条，当是在刻朱印版时特别刻上，以便在印刷时与墨印版框对齐，使朱印评语圈点都能印在最适当的位置。套印本印制功夫繁复可见一斑。

《苏老泉批评孟子真本》

《苏老泉批评孟子真本》系嘉庆癸亥年（1803）重镌本，朱墨套印。前有嘉靖改元9日后靖江朱得之序及康熙三十三年（1694）沈心友克庵氏序。

此书系苏洵深读《孟子》之后，得其规矩方圆而作评点，历代均有刊行。除表彰苏老泉之外，也让研读《孟子》之学者得有依循而亲近之。

朱靖江的序上说:

> 孟子传道述德之言,其文至矣。顾其运规矩于无形,妙方圆于莫尚,后死者不有濂洛关闽之领悟,而有董贾韩欧之摹写,岂能骤而窥耶。老泉抛世俗退居山野,肆力于文章者数年,而后得其所谓规矩方圆之迹,而评点以表识之,岂非达观先觉之所在。

他对苏洵深研《孟子》之功夫极为赞叹。

沈心友的序也说:

> 眉山老泉氏无书不读,独沉酣于孟夫子之书,盖知六经之外无文章,而六经之中上承百代圣贤之道统,下开百代后学之文章,唯孟夫子之书易为启发,遂系为评定俯示后学,不取书于书,而取书于慧,研究于字句之中,而神明于字句之外……评著今人之书难,评著古先圣贤之书更难,眉山老泉氏不以为难,取孟夫子之书而丹黄评定以教二子,由一家而天下,由一时而百世。

　　沈心友的父亲沈李龙云将公对《苏评孟子》详为校阅,并命他旦夕诵读。沈心友在父亲教导下,对《苏评孟子》一书也研读甚详。因恐此书密为己有不行于世,在康熙年间将此书付梓,名为《载咏楼重镌朱批孟子》,以表彰老泉氏之功及其父亲沈李龙教导儿曹之意。此嘉庆本即是重镌沈心友康熙年刻本而来(图114)。

　　此书朱墨套印,朱印评语有置于版框之上,也有摆放正文之间。其置版框之上者,又另加框线,是其他套印本所未见者。正文行间则有更多之圈点线,且常见朱印评语及圈点线印于墨色界行线之上，重叠一起，套印痕迹甚为明显（图115）。

《雅趣藏书》

　　《雅趣藏书》系康熙癸未年（1703）朱墨套印本，吴门钱书所撰。除自序外，尚有云间陈玉珍侯氏序于石城书院、徐鹏序于南州草堂、郑鹏举霞轩氏序。

　　钱书字酉山，他有感于《西厢传奇》一书，句雕字琢、传神写照、脍炙人口，却被有心人误认为是淫词艳曲、诙谐谑浪、屏不涉目，因此在捧读之后，隐隐然情不自禁有话急要脱口而出。他在自序里说：

　　　　故不惮简陋，而偶泄乎意中之所欲言，时而为诗歌，时而为词调，时而为八股制体，余非敢谓以此盖西厢之艳而传西厢之神，且亦极知劳笔费墨放诞不羁，无关正理，第以才子佳人未能多觏，风流佳话亦足赏心，聊借此一时逸兴，为艺林另开生面耳。

　　他择取西厢故事 20 则，包含惊艳、借厢、酬韵、闹斋、寺警、请宴、赖婚、琴心、前候、闹简、赖简、后候、酬简、拷艳、哭宴、惊梦、捷报、寄彩、争艳、团圆等，每则一图、一诗词、一文章，以之自娱，但是因为一些同好的鼓励，而将这本书予以刊印问世。他说："二三同人见而戏之曰，子奈何以锦囊佳句为枕中密乎，盖一人之情天下人之情也，以西厢之妙文妙事，绘西厢之妙情妙景，子好之天下独不共好之耶，遂强登诸梨枣。"

　　此书虽系朱墨套印，朱印部分除题序者钤印之外，仅有闲章及圈点，并未如其他套印本以不同颜色区分不同人之评语题识，套印之功能在此书中并不显著。（图116）

《虞山十八景画册》

余藏有《虞山十八景画册》一书，光绪己亥年（1899）刊印，朱墨印本。

此书系古杭人李德（字有邻、号澹庵）所绘海虞山水十八景，其友人见之而爱之，爱之而欲寿之，于是付梓刊印。系一图册，其框墨印，其图朱印，因较罕见，故收藏之。（图117）

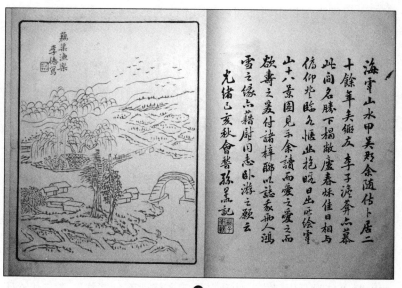

117

三色套印本

《国语》

王清源先生核对《闵版书目》与辽宁省图书馆藏闵、凌两家刻本后，将闵版书目中两部四色套印本改为三色套印本，其中一部就是《国语》。

《国语》系汉代左丘明所作，全书21卷，以记西周末年和春秋时期周、鲁、齐、晋、郑、楚、吴、越等8国贵族的言论为主，故名曰《国语》，为分国叙述的记言史书。

闵刻《国语》仅9卷，在目录后特别题记说明："按汉志及隋唐经籍志或为二十卷或二十一卷，虽多割裂，于义无取也。春秋独晋主盟为久，事文繁多，今定自武公至怀公为晋上卷，自文公至晋末为晋下卷，而周及列国每为一卷。"因此共8国9卷。

此书前有韦昭序，后有闵齐伋跋，朱、墨、蓝三色套印，每卷末均题"皇明万历己未[1]仲秋乌程闵齐伋遇五父裁注"等字并钤印（图118）。在他的跋中也有说明，曾经为《国语》批注的人很多，但经历时久，多有散失，独有韦昭之批注全书流传。闵齐伋简约摘录韦昭的批注而成此书，故曰"裁注"，跋后题"皇明万历己未长至日乌程闵齐伋遇五父识"。

经仔细观察书中套印情形，栏上有朱、墨、蓝3色评语；栏

---

[1] 1619年。

内正文墨印；正文行间则有朱、墨、蓝色圈点，朱色除"圈"外，"点"还分实心点及空心点。另有朱墨字掺杂其间，朱字多简短评语，如雅字、善论、句法、巧思等；墨字则是在罕见字旁以字释音，展卷直觉色彩斑斓。但其墨印评语与正文墨印看来并非同一版所印，因此本书虽系三色套印，其印刷次数恐怕不只3次，套印书籍之费时费工，可见一斑。（图119）

《陶渊明全集》

《陶渊明全集》刻本并不少见，此光绪年间刻8卷本，朱墨蓝三色套印，卷首卷末各一卷皆朱印，王维珍序，景廉题签。（图120、图121）

因为同僚情谊，让这部书的刊印增添了一些温馨感人的情节。在王维珍的序里说明了这部书刊刻的由来："同谱英西林宫保之尊堂年伯母，老年嗜和陶诗，苦无善本，捡得旧集字画漫漶，因命手

民另为剞劂，并嘱珍书其前叙，时光绪六年[1]庚辰春二月也。"

　　王维珍，字颖初，一字席卿，号莲西、莲溪，又号大井逸人，天津人士。咸丰进士，官通政司副使，书法欧阳修，参以米董，著有《莲西诗赋集》。

　　此书之所以会刊印出来，主要是为了英西林的母亲而作。英西林即是英翰萨尔图氏，字西林，满洲正红旗人，道光八年（1828）生，二十九年（1849）举人。咸丰四年（1854）发安徽以知县用，九年（1859）改合肥知县。与发捻交战，每出战必躬亲指挥，未尝有毫发伤。擒张洛形，因建功擢升道员。同治十三年（1874）任两广总督，光绪元年（1875）改任乌鲁木齐督统。

　　英翰"开朗、明敏、善折狱"，幕中多才士，如金国琛、史念祖、周炳等人。光绪二年（1876）十二月卒，朝廷念其前劳殊深，着加恩赏给太子太保衔，从优赐恤。英翰母亲年逾七旬，加恩赏给2000两。四年（1878）正月陕甘总督左宗棠疏陈英翰劳绩，诏准于安徽省城建立专祠予谥果敏，《清史》有传。

_____

[1]　1880 年。

可见这部书并非一般书肆或书贾为营利而刊，而是高官巨室为一己兴趣而作，其刊刻当较精工自不待言。而且书前卷首刊有《钦定四库全书题要》，朱印，题要说《陶渊明集》有不同版本，而梁昭明太子萧统所撰8卷本虽缺《五孝传》及《四八目》，但《五孝传》文义雍浅，应非陶渊明所作，《四八目》也经审定为赝作，因此《四库》采编陶渊明诗文仍从昭明太子8卷本。

本书8卷，当是依《四库》本重新手书刊刻。版心下方有书写人姓名，都是当时朝中大臣，包括徐方泰、王仁堪、严家让、张华奎、陈宝琛、杨霁、张世恩、文肇宣、吴葆德、周仪典、吕凤岐、吕佩芬、于钟霖、英寿、冯文蔚、张謇、邵松年、程夔、檀玑、于荢霖、曹鸿勋、张露恩、刘秉哲、诸可炘、张汝炘、升允、李作霖、徐方鼎及刘心源等人。每人一页至数十页不等，以徐方泰33页、冯文蔚30页、檀玑17页为最多。朱墨蓝三色刷印光彩灿烂，当可想见提议刊刻之时，朝中大臣群起响应，为同僚尊堂亲笔抄录以供付梓的热情。更难能可贵的是此时距英西林逝世已4年矣，同僚以尊亲之情共襄盛举，情谊深重，当值一记。

在这些人当中，曹鸿勋、王仁堪都是状元，张謇多年后也高中状元。

曹鸿勋，潍县人。潍县县城南关新巷被称为状元胡同，因为这里出了2位状元，一位是曹鸿勋，另一位是王寿彭。光绪二年（1876）清廷为庆祝光绪承嗣大位，特别举行一次恩科考试，曹鸿勋名列第一，成为清代第102位状元，授翰林院修撰。清廷三年一次的京察，曹鸿勋常名列第一等，因此迭获擢升，官至陕西巡抚。宣统二年（1910）病逝。

王仁堪，福建闽县人，光绪三年（1877）状元，授翰林院修撰。因对慈禧太后修建圆明园，搜刮民脂民膏的作为有所不满，上书弹劾为慈禧张罗一切的醇亲王，结果遭贬，外放知府。他在外为官特别重视农田水利及教育，遇灾荒之年，推行工赈法及牛赈法，一面赈灾一面修凿水利工程，修造湖泊及渠道引水灌溉，解决农业生产问题。光绪十九年（1893）调任苏州知府，旧疾复发病逝。

张謇，江苏南通人。光绪二十年（1894）清廷为庆祝慈禧太后60大寿举办一次恩科考试，张謇得到翁同龢的赏识与力荐，考中状元，当时已41岁。他非常注重实业，他创办大生纱厂、兴办新式学堂，是中国近代实业与教育的开拓者。民国后，张謇担任中华民国实业总长，但与孙中山先生意见不合，一个多月后即辞职。袁世凯就任临时大总统后于1913年10月邀他出任农商总长。因反对袁复辟帝制，他与袁歧见越来越大，终于1915年8月脱离袁氏。离开政治圈后，张謇又回到实业界继续发展。1926年8月24日病逝，享年73岁。光绪六年（1880）时他正担任庆军统领吴长庆的幕僚，为何也参与书写《陶渊明集》，不得而知。（图122）

四色套印本

《世说新语》

陶湘的《闵版书目》中列有四色套印本 4 种:《国语》、《战国策》、《世说新语》及《南华经》。但经王清源持书目与辽宁省图书馆的藏书比对之后,其中《国语》与《战国策》二部书上评语虽是朱、墨、蓝三色,但墨色评语与正文属相同颜色,只能认定是三色套印。因此闵、凌刻本中确属四色套印的就只有《世说新语》与《南华经》2 种。

《世说新语》8 卷,吴兴凌瀛初刊印,3 家评本。其中刘辰翁蓝笔、王世懋朱笔、刘应登黄笔,正文墨印,确是四色套印无误。(图 123)

有关汇集 3 家评点的由来,凌瀛初在序中说他在弱冠时曾见王次公(世懋)批点《世说》一书,发明详备,于是在壬午(1582)秋付之版刻,但刻成不久即因失火而成煨烬。

嗣后其弟凌蒙初得到冯开之密藏之辰翁、应登两家批注本,于是"予复合三先生手泽,耘庐缀以黄、须溪缀以蓝、敬美缀以朱,分次井然,庶览者便于别识云"。因为他对于《世说新语》的热爱及作为一位出版家的使命,才有此部四色套印本流传于世。

刘辰翁（1231—1297），字会孟，号须溪，庐陵人，宋理宗景定三年（1262）进士。王世懋（1536—1588），字敬美，号麟州，江苏太仓人，嘉靖三十八年（1559）进士。刘应登，号耘庐，宋朝庐陵人，生平事迹不详。

余所藏《世说新语》第一卷系抄本，笔画甚为工整。其中王世懋部分仍以红色抄写批点，刘辰翁部分原应为蓝色批点，但却以墨色抄写，每则都另加"刘会孟曰"4字。

《御制古文渊鉴》

康熙二十四年（1685），内阁学士兼礼部侍郎徐乾学等人奉旨编注《御制古文渊鉴》，上起周朝《左传》，下至宋朝谢枋得《交信录序》，共64卷。

此书每篇均以黄、蓝、朱三色笺注，并主文墨印共4色。考证明确，详略得宜，其大旨以有关风教、有益世用为主。题名为《古文渊鉴》，即意此书为古文之渊薮，有益于教化。

其中黄色笺注应该是康熙所注。在封建时代，黄色仅为皇室所用；而且黄色笺注均在每篇之首，笺注意见也系直接叙述，与蓝、朱笺注不同。蓝色笺注则是引用古人所注，朱色笺注是群臣所注（图124）。

以卷1第一篇《郑庄公叔段本末》之笺注为例，以兹说明：

黄色笺注：书曰烝烝，义不格奸，人伦之至，万世之训也……

蓝色兼注：东莱吕祖谦曰，左氏序郑庄公之事极有笔力……

朱色笺注：臣熙曰……臣正治曰……臣德宜曰……

　　我收藏此部《御制古文渊鉴》64卷，共40册。前人在书根上题诗，以明前后次序，甚是有趣，诗曰："天地英雄气，千秋尚凛然，势分三鼎足，业复五铢钱；得相能开国，生儿不象贤，凄凉蜀故妓，来舞魏宫前。"

《御选唐宋文醇》

　　乾隆三年（1738），馆臣奉命精选唐宋十大文学家，包括韩愈、柳宗元、李翱、孙樵、欧阳修、苏洵、苏轼、苏辙、曾巩、王安石等10人之文章精华，编订成书，题名曰《御选唐宋文醇》。《四库题要》有云："唐宋之文以十家标其宗，十家之文经睿裁而括其要。"全书共58卷。

明人茅坤原来编有《唐宋八大家文钞》，清初储欣增加李翱及孙樵两家，订名为《唐宋十大家全集录》。乾隆认为其中文章之去取及评论不尽妥善，于是命馆臣重加采择修订，所选必须符合六籍正统思想，书成之后乾隆并为之作序。

此书之编订、参与的馆臣有：

　　监理：和硕庄亲王允禄。

　　校对：礼部侍郎张照。

　　校刊：翰林院编修朱良裘、董邦达，检讨吴泰、唐进贤、万松龄，庶吉士帅家相、冯祁、吴绂。

　　监造：内务府雅尔岱、永保、李之纲、三格，武英殿西宁、恩克、永忠。

《御选唐宋文醇》系写刻本，黄、朱、蓝三色评语，并正文墨印为四色套印本。

凡例中说："各家之文有经圣祖仁皇帝御评者，用黄书恭载篇首，以昭异代儒臣千古之至荣。"因此康熙评语均刊于板框之上，以黄色刊印（图125）。乾隆的评语则用朱色刊印于各篇文章之后。其他前人的评语及考证则用蓝色，也印于各篇之后，当然也必须在乾隆评语之后，但同篇文章同时有朱、蓝两色评语的并不多见，大多数只有朱评或蓝评。

五色套印本

叶德辉《书林清话》里说："五色套印，明人无之。"但是晚明乌程凌云所刊印的《文心雕龙》，却是朱、墨、蓝、紫、绿五色套印本。

陶湘《闵版书目》中列有五色套印一种，即是此《文心雕龙》。王重民先生所撰《中国善本书提要》中也记载《刘子文心雕龙四卷注四卷》为明五色套印本。

《文心雕龙》4卷（分卷上之上、上之下、下之上、下之下，因此也有人称为上下2卷），梁朝刘勰所撰。刘勰（约465—？，卒年说法多异，有520、522、539年等几种），字彦和，东莞莒县人（今山东日照市莒县）。早年丧父，笃志好学，因家贫不婚娶，寄住寺庙与僧佑和尚同处十余年，遂博通经论，撰《文心雕龙》50篇，论古今文体，书虽成但未为时人所称许。刘勰想请沈约给予评论，当时沈约位居高官地位贵盛，刘勰无法亲自送呈，于是他带着书等候沈约外出时，在沈约车前展示，有如摊贩卖货一般。沈约命仆从取而观之，大为赞赏，谓其深得文理，将其放置案头，便于取阅。《文心雕龙》一书因此广为人知。刘勰后来在定林寺变服出家，法号慧地，但未满一年就过世了。

凌云刊印的这部五色套印本，包含经杨用修评点之《文心雕龙》4卷及梅子庚所撰《文心雕龙注》4卷，评点分五色套印，注则全部墨印。卷前有万历壬子（1612）春仲曹学佺序，另有凌云所写凡例6条，由凡例中可知杨慎评点《文心雕龙》原用红、绿、青、黄、白五色笔。在套印技术未发明运用前，一般刻本则全用墨印，只以不同形状之圈点分别替代原五色批点，但如此易使读者混淆，而且无法明白杨慎分色批点之旨趣。因此凌云这部刻本保留原红、绿、青（蓝）色，黄色改以紫色代替，白色改以墨色代替，可知五色套印非为炫华，实有益于观览。（图126）

《文心雕龙》原本字句多脱误，梅子庚考订甚详，因此凌云将其纳入一并刊印，将其考订文字以墨色刷印，并杨慎五色批点刊于板框之上，使读者可以全面通读。

梅注原在各篇之后，此书将其合并于各卷之后，以便稽考。但有关人名及鸟兽名，原注在本文之下，今改朱印于本文旁，使文意易明而且不致与本文脱节。（图127）

凌云的凡例中也说，梅子庚每篇之中有注有不注，每段之中或详或略，会让人觉得不够周全。经查阅《文心雕龙注》，得知第25《书记》、27《体性》、32《镕裁》、40《隐秀》、44《总术》、46《物色》及50《序志》等各篇，梅子庚都没有注释，其余各篇的注或长或短，差异甚大。最长的是第28《风骨》，梅子庚用了2388个字来注释2句原文；注最短的是第18《论说》，仅47个字。

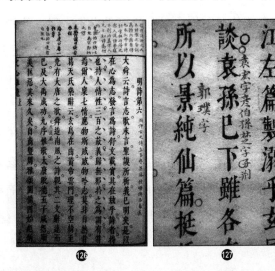

126　　127

六色套印本

　　虽然傅增湘曾经针对套印本的收藏，说："近世大夫，转争相赏玩，高价购取，置诸精本之列，侈为美观，此其所见与儿童何异？"但套印本之所以受人青睐，其美观珍稀却仍是主要原因。吾亦作如是观，从俗也。

　　晚明套印书籍盛行，但最多仅五色套印。直至清道光甲午年（1834）涿州卢坤刊刻、芸叶盒印行的《杜工部集》首开六色套印，是套印本中用色最多的一部书。（图128、图129）

　　这部《杜工部集》20卷，半页8行，行20字，大字单栏，小字双栏。刊有五家评点，分色印行，分别为王世贞紫笔、王慎中蓝笔、王士禛朱笔墨笔、邵长蘅绿笔、宋荦黄笔。评点共六色，并书籍墨印合称六色套印本。

此书前有卢坤序，序中说：

> 诗至少陵极矣，然而言人人殊，余藏有五家合评杜集二十卷，编次完善，汇五家所评，别以五色笔，炳炳烺烺，列眉可数，辟诸五声异器而皆适于耳，五味异和而皆餍于口，自成一家，聚为众妙……而读杜者因五家以求津途，则此中自有指南，无虞目迷五色矣。

叶德辉《书林清话》卷 8 中说"道光甲午涿州卢坤刻杜工部集二十五卷"，此处恐系 20 卷之误缮。

此书系分版分色套印，版心下方可见分色注记。以卷 2 第 11 页为例，版心下方依序印有红色"红卷二十一"、绿色"绿二之十一"、蓝色"蓝二之十一"、黄色"黄二之十一"、紫色"紫二之十一"，这样的注记可以避免在众多版片中印错颜色或者印错页码，当是套印技法之一种（图 130）。

综观五家评点，以王慎中、王士禛、邵长蘅评点较多，宋荦次之，王世贞最少。这五家均善于诗，卢坤序中说："是数家者皆海内凤称诗宗。"他们对于《杜工部集》该称赞处称赞、该批评处亦不乏严厉批评，随手摘录比比皆是，例如：

《奉赠韦左丞丈二十二韵》中，邵长蘅评曰："突兀二语，一肚皮牢骚，愤激信口冲出。"但在最末一句后面写下："得此一结，全首傲岸。"

《高都护骢马行》一首中，王士禛评曰："此子美少壮时作，无一句不精悍。"邵长蘅评曰："令人再无着语处。"

《赠卫八处士》一首，宋荦评曰："此等诗为少陵绝作，烜赫千古，正无庸摘句称佳，特于题上着两圈以识之。"

《饮中八仙歌》一首，邵长蘅评曰："固是创体诗，实不佳。"王士禛评曰："无首无尾章法突兀。"

《三川观水涨二十韵》一首，王慎中评曰："长篇佳甚。"但在另一首《白水县崔少府十九翁高斋三十韵》中则评曰："其多处固为长技，然删去累句，纯然佳篇，何必以多为尚哉。"

此《杜工部集》，除展卷五彩灿烂、赏心悦目外，五家评语尤具兴味与可读性。有喃喃近百字者，也有极简一字如"删"、"达"，二字如"绝妙"、"笑柄"者，字多字少都是诗家心血，值得读杜诗者多加琢磨。

第四章

圍咏

《红楼梦图咏》

　　《红楼梦》原名《石头记》，是中国四大长篇章回小说之一，共120回，前80回是曹雪芹所著，后40回为高鹗续作。这是一部最具文学成就的小说，堪称巅峰之作，引起许多学者的研究兴趣，例如王国维，蔡元培，胡适，等等，因此构成了一门独立的研究学科，称为"红学"。

　　《石头记》写尽豪门巨室的浮华奢靡及情爱纠葛，在清朝时曾经被查禁，后来经大学士和珅设法才解禁。所以这部书刚开始时仅有抄本流传，因为在某些版本中都抄有脂砚斋批语，故称"脂评本"或"脂批本"，简称"脂本"。直到乾隆五十六年（1791），程伟元及高鹗才以木活字版印行。这第一部版印《红楼梦》俗称"程甲本"，"程甲本"中就有程伟元所作插图24幅。

　　书籍附加插图的历史已非常久远，可追溯到隋唐时期。当时在佛教经典之中都刻有佛像，唐咸通九年（868）的《金刚经》刻有《祇树给孤独园说法图》，是其中代表之作。到了宋朝，书籍附加插图趋于多元化，著名的有李诫的《营造法式》、宋伯仁的《梅花喜神谱》、李衎的《竹谱》，等等。其中《梅花喜神谱》从含苞、初放、盛开至凋零共100幅图，观察入微，写刻细腻，备受激赏。而《竹谱》则写初篁、成竹的过程，以及风雨天候下的竹姿百态，被称为画竹之圭臬。明朝时期，版画艺术达到巅峰，能工巧匠辈出，各类版画图籍有如明珠般绽放耀眼光芒，例如《程氏墨苑》、《方氏墨谱》、《萝轩变古笺谱》、《十竹斋笺谱》、《十竹斋书画谱》，等等。随着徽派版画的兴起，各类传奇小说依故事情节绘刻的各种插图更是细致绮丽，令人爱不释手，例如《金瓶梅》、《水浒传》、《临川四梦》、《琵琶记》、《西厢记》、《吴骚合编》、《青楼韵语》、《情邮传奇》、《古列女传》、《元曲选》，等，多不胜数。

小说传奇附刻插图的做法，到清朝仍然盛行不衰。《程甲本》附图24幅，也是当时的版刻趋势。这类插图偏重故事情节的描述，而人物的描绘仅属其中一部分而已。但是以人为主的人物版画的发展也因为小说戏曲的普及，其创作内容更趋成熟。乾嘉以后，这类人物画的版刻图籍有如雨后春笋般不断出现，例如《无双谱》、《晚笑堂画传》、《百美新咏》、《练川名人画象》、《吴郡名贤图传赞》、《于越先贤像传赞》、《三十三剑客图》、《水浒叶子》、《百将图传》、《三国画像》、《东轩吟社画像》、《秦淮八艳图咏》、《历代画像传》等皆是。

改琦的《红楼梦图咏》也是这一时期的作品。这本书的出现，一方面是《红楼梦》的普及刊行，使这部思想性及艺术性极高的小说吸引了大众的注意，改琦自不例外；另一方面也是因为这个时期人物画图籍的盛行，激荡改琦以红楼人物为标的，细绘精画。这部红楼绘画史上极有名气的红楼人物版画图籍就此问世。

《红楼梦图咏》4册，改琦所作，共绘刻50幅图。每一幅图画之后都附有题词，各1至3篇不等，题词者34人，题咏75篇。绘制人物55人。第1幅《通灵宝石绛珠仙草》，绘石头1颗及仙草1株，是书中唯一没有人物画像之图版，但以此隐喻红楼梦的2位主角贾宝玉与林黛玉的出现，以开红楼绮情故事之端起（图131）。

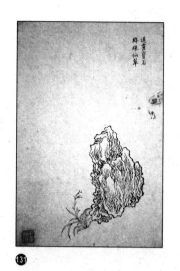

改琦（1773—1828），字伯韫，号香白，又号七芗，别号玉壶外史、玉壶山人、玉壶仙叟、横泖鱼叟、横池渔父、听雨词人等。他本为西域回族人，祖先迁寓松江（今上海），因此称松江人。改琦的书画宗法华岩，喜用兰叶描，仕女衣纹细秀，造型纤细，敷色清雅，创立了仕女画的新风格，人称"改派"。

《红楼梦图咏》绘制的确切年代难以考证，这书中每一幅图画均附有名人题咏，有些题有纪年，有些则无。其中纪年最早的是姜皋、顾恒、高崇瑚、瞿应绍等人题于丙子年（嘉庆二十一年，1816），纪年最晚的是顾顷波题于乙巳年（道光二十五年，1845），前后相差29年。在众多题词中，有张问陶题词3篇，均未署纪年，但张问陶去世于甲戌年（嘉庆十九年，1814），可见这部《红楼梦图咏》有可能绘制于嘉庆十九年之前，至少这3幅在那时已经完成，时年改琦41岁，也正是创作巅峰之际。改琦逝于道光八年（1828），这书中有许多篇题词是改琦逝世后才题写的，因此若要从书中的蛛丝马迹来断定这部书的完成年代或是成书经过，是有其困难的。

光绪五年（1879）淮浦居士印行此书时，所写的序言说道：

　　华亭改七芗先生琦，字伯韫，号玉壶外史，天姿英敏，诗词书画并称绝诣，来上海，下榻于李笋香光禄吾园，时光禄为风雅主盟，东南名宿咸来止止，文燕之盛，几同平津东阁。先生在李氏所作卷册中，唯红楼梦图为生平杰作，其人物之工丽，布景之精雅，可与六如、章侯抗行，光禄珍秘特甚，每图倩名流题咏。当时即拟刻以传世，而光禄旋归道山。（图132）

依淮浦居士的说法，这部《红楼梦图咏》是改琦下榻吾园时为李光禄所作。但是改琦的弟子顾春幅于道光十三年（1833）重获展读这部画册时说：

> 红楼梦画像四册，先师玉壶外史醉心悦魄之作，笋香李光禄所藏，光禄好客如仲举，凡名下士诣海上者，无不延纳焉。忆丁亥岁薄游沪渎，访光禄于绿波池上，先师亦打桨由淝东来，题衿问字颇极师友之欢。暇日曾假是册快读数十周，越一年，先师光禄相继归道山，今墓木将拱，图画易主，重获展对，漫吟成句。

顾春福（1796-? ），字梦香，一作梦芗，号隐梅道人，昆山人。师从改琦，善画，所作仕女、花卉、山水，无一不精，名噪一时，尤其山水画，意境悠远，自成一家，但作品传世不多。他不但擅画，还精通音律、善度曲，也写散文，著有《隐梅庵日记》。

顾春福与改琦同时造访李光禄吾园，是在丁亥年（道光七年，1827）。从书中许多题词作于嘉庆年间来看，这部图册应该是改琦造访李光禄吾园之前所作的，且早为李光禄收藏应无疑义。他视为珍本秘藏，顾春福于光绪七年（1881）造访吾园时，还借来快读数十遍。道光八年（1828），改琦与李光禄相继过世后，这部图册就易主收藏了。到了道光十三年（1833），顾春福在偶然机会下重见此图册，也写下题记。但此书是否转由他收藏，不得而知，流传情形也难查证。光绪三年（1877），淮浦居士从豫章回故乡途中，购得这部图册。因为这是改琦的精心之作，任其藏诸密室，实为可惜，于是他在光绪五年（1879）"急付手民以传之"。这就是《红楼梦图咏》的初刻本，而这初刻本的出现已经是在改琦逝世51年后的事了。

《红楼梦图咏》初刻本问世后，因为刻工技术精良，能体现改琦作品的神韵，衣饰线条流畅，人物含蓄传神，处处表现出"闲静时如姣花照水，行动处似弱柳扶风"的气质，是一部清末杰出的人物版画图籍，甚受时人喜爱，因此随即就有翻刻本的出现。

日本著名红学家伊藤漱平在所撰《红楼梦图画》一文中提到，他所收藏的《红楼梦图咏》初刻本中有光绪十年（1884）孙溪逸士朱槐庐所写的跋文，跋文中说："……经淮浦居士付之剞劂，公之艺林，诚盛举也。近外间竟有翻刻本，虽依样葫芦而神气索然。"此书初刊于光绪五年（1879），而到光绪十年（1884）就有翻刻本出现，可见此书当时受欢迎的情况。

《红楼梦图咏》到底有几种版本？恐怕很难厘清，上海博物馆顾音海先生所撰《红楼梦图咏版本比较》一文中指出，《红楼梦图咏》除了初版本外，还有重印本、翻刻本。初版本为大开本，每册不标序号。而重印本为小开本，某些图像的个别地方吃墨不均，钤盖印章与初印本有相异之处，例如第一幅《通灵宝石绛珠仙草》就少了"玉壶山人"印记，其他画像几乎都不钤印记，也无图序编号。翻刻本则以文元堂版流传较广，与初印本之字体图像均有相异之处，全书分元、亨、利、贞4册，在每一版框右下角栏线外有标示序号，翻刻迹象非常明显（图133）。而此文元堂翻刻本又有重印本，扉页书名有"永安画眉"字样。

⑫　　　　　　　　⑬

文元堂翻刻本，是 1921 年杨耀松所刊，虽然卷前有吴熙的序，说此版片是杨耀松购得之淮浦居士原刊版片，并将其重印，而且有牌记曰"浙江文元堂杨氏珍藏板"，但从实物来看，文元堂本与光绪五年（1879）原刊有极大的差异，系翻刻版，非重印本。

上海人民美术出版社 1988 年出版之《中国美术全集绘画编 21 版画》选录《红楼梦图咏》之《黛玉》一图，并注记曰："清光绪五年[1]浙江文元堂刊本"。同出版社同年度另出版之《中国版画史图录》，也选录 4 幅，也同样说："红楼梦图咏不分卷四册，小说类，清李笋香原编，淮甫居士重编，改琦画，清光绪五年浙江文元堂杨氏刊本。"学苑出版社 2000 年出版之周心慧著《中国古版画通史》也一样说是光绪五年（1879）浙江杨氏文元堂刊本。这几种著作显然都登录有误，因为光绪五年是淮浦居士印本，文元堂刊本则是

---

[1]　1879 年。

1921 年的事。

另外，分辨《红楼梦图咏》版本的另一种方法，就是第一册《黛玉》一幅图画中之"玉"字有长扁之别，原刻本"玉"字较扁，翻刻本"玉"字较长。伊藤漱平在文章中说，原刻本与翻刻本的区别，除了板框的尺寸与钤印有异之外，画中人物的名字笔画，原刻横长，翻刻纵长，并举《黛玉》一幅作为说明（图134）。而他所说的翻刻本即是文元堂刻本，所以一般都将"玉"字较纵长的刻本视为文元堂翻刻本。

我收藏一部《红楼梦图咏》，书籍装帧极为高雅。鹅黄色虎皮

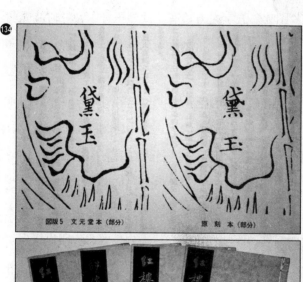

图版5 文元堂本（部分）　　　　　　原刻本（部分）

宣封面，书签用深蓝古纸，并用泥金正楷书写书名，捧书在手，古意盎然（图135）。

书中《黛玉》之"玉"字较纵长，但与文元堂翻刻本又不相同。板框右下角栏线外并无元、亨、利、贞之图序编号，每一幅图画均有钤印。经与原刻本钤印核对，略有不同，但第一幅《通灵宝石绛珠仙草》三方印章完全相同。这些钤印都是版印完成后加盖上去的，改琦的印章款式甚多，难免会有同一幅图画盖上不同印章的情形，只是有时也会有盖错印章的状况。例如我的藏本中，《宝钗》一幅原应加盖改琦的印章，却盖成题词者孙坤的印章。又原刻本扉页"红楼梦图咏"五字左方钤有"武烈王孙"及"何减骠骑"二方印记，我的藏本则钤有"古越雁埠居士"及"绿野主人图印"二方印记，另右上方钤有"官舍吴门"一方印记，差异甚大。

我这部《红楼梦图咏》，从"玉"字判断，应非原刻本，但仍然是光绪年间刊印的图籍。因为这部书曾为缪继珊的收藏，除钤有"曾在缪继珊家收藏"印记外，另钤有一方印记，印文曰"天津缪氏继珊辛亥劫后所得善本"（图136），可见它是刻于辛亥之前。这可能是上述各种版本之外的另外一种，其非原刻本或重印本，也不是文元堂翻刻本，而图像刊刻仍然十分精致，钤印也极多。会不会是光绪十年（1884）孙溪逸士朱槐庐的跋文中所说的"近外间竟有翻刻本"的那个刻本，不得而知。

缪继珊，天津人，室名铁如意斋，是古钱、古物收藏家。国家图书馆收藏金石拓片非常丰富，其中有1102种计3051件龙门石刻拓片原属缪继珊收藏，是1951年5月由文化部文物局拨交而来的。

1933年4月，日军侵占河北省迁安县后，扶植一些知名人士，成立日伪政府。缪继珊两度被任命为迁安县长，第一次是1939—

1941 年，第二次是 1944—1946 年 9 月日伪政府解散为止，由此可见他的政治操守或有可议之处。

我另有一部收藏，是日本风俗绘卷图画刊行会的翻刻本，发行于大正五年（1917）7 月 20 日，由大冢佑次雕版，松井三次郎及本桥贞次郎印刷（图 137、图 138）。这一版本完全依淮浦居士初刻本翻刻，无论扉页的印记或"玉"扁字形都完全相同，刻印也极精工，实可作为《红楼梦图咏》版本比较之参考。

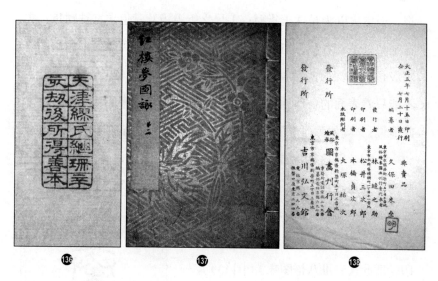

《秦淮八艳图咏》

秋梦盦主人叶衍兰曾经慨然而叹说，人之喜好名利是与生俱来的天性，名者乃诗书之泽，但鄙夫以为是官爵职位；利者乃馨香之报，但贪人以为是珠玉货财；七尺之躯汲汲营营追求官秩财货，实在是与螳蚰计春秋，与蜉蝣争旦暮，这种人生真可悲痛。名利的追求应该是在深层的精神面向，不在表面的高位奢华。评定一个人，不能只看表面的身份地位，而要依据他所表现出来的行为事迹。因此他说："臭如蒜而下生金，顽如石而中孕玉，奚论所自乎。"

叶衍兰以这种标准选择摹绘了180人的图像，虽想付之梨枣，却力有未逮。其中有明末秦淮8名名妓图像，新蘅馆主张景祁见了非常喜爱，除了加以和诗并为之写序，于光绪十八年（1892）付之刊印，即此《秦淮八艳图咏》（图139）。

此《秦淮八艳图咏》描写马湘兰、卞玉京、李香君、柳如是、董青莲、顾横波、寇白门与陈圆圆等8位秦淮名妓故事，书前有张景祁与叶衍兰撰序，后附叶衍兰、张景祁、张僖韵、李绮青等4人各为8位名妓所和诗词。主文中除陈圆圆有二图一文外，其余每人一图一文。图像描绘温文婉约，非常细致，文章则以书写体简约撰述名妓一生事迹，应该都出自叶衍兰手迹。

他摹绘180人图像，兼及名门闺秀尚可理解，但这秦淮八艳均是明末秦淮名妓，却能入他眼眸，可见这八人虽入风尘，却是出淤泥而不染。叶衍兰说：

> 前明末造南中才士多以文章气节相高下，至桃叶柳枝皆有盛名绝艺，或以明慧著，或以节烈彰，或以豪侠倾动一时，或以禅悦忏修晚境，风尘沦贱之余，莲出淤泥而性仍高洁，其人其事均足千秋以视。

叶衍兰（1823-1898），字南雪，号兰台，广东番禺人。咸丰二年（1852）举人、六年（1856）进士，初任翰林院庶吉士，后官至军机章京。任官20余年后，因病请归，任教于广州越华书院。他是清朝政治家、文学家及书画家，工小篆行楷，著有《海岳楼诗集》、《秋梦盦词集》等，《秦淮八艳图咏》就是他在越华书院讲学时刊印的。他是民初文化名人叶恭绰的祖父，曾任外交部长的叶公超的曾祖父。

此秦淮八艳中，吴湖帆认为马湘兰文才杰出，历尽风尘，流露于词翰间，不愧为八姬中领袖巾帼人物。

马湘兰（图140）

马湘兰（1548-1604），原名马守真，字湘兰，小字符儿，又字月娇。善书画、精度曲，最善画兰，秦淮名妓，神情潇洒吐属风流，居住在孔雀庵旁，歌舞宴饮无虚日。性娴雅任侠，可以从几件

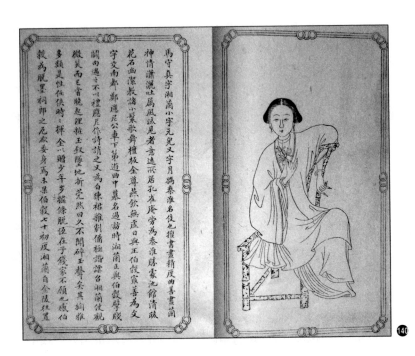

馬守真字湘蘭小字元兒又字月嬌為秦淮名俊也擅書畫精庋曲善畫蘭神情瀟灑吐屬風流見者意遠派居小在庵旁為秦淮池館清疏花石幽潔教諸小鬟歌舞檀板金尊燕飲無虛日與王伯穀善為文字交南都鄭應尼公車下第遊曲中慕名過訪時湘蘭正與伯穀劈箋關內遇之不肖禮應尼作詩誚之又為白練裙雜劇備諧謔詆名湘蘭使觀微笑而已嘗晚起理粧王致隆地析黨然曰久不聞斫琴聲矣其嫻雅多類是性任俠時小揮金以贈少年多揚僑寓在字錢家不顧也藏伯穀為脫墨祠郎之厄欲委身為未果伯穀七十初度湘蘭白金陵往賀

140

事情看出来。她与王伯谷交情最好，时常吟诗斗句。有一次南都郑应尼因科举未中返回家乡，慕名来访，当时马湘兰正与王伯谷吟诗唱和，没有接待他，引起郑应尼的不快，于是与安徽休宁人剧作家吴兆（字非熊）合作《白练裙杂剧》，内容对马湘兰极尽讥嘲之事，演出时还邀马湘兰前往观赏。马观后虽知此剧内容，但并未生气，仅是微笑而已，娴雅之极，为人称道。

这《白练裙杂剧》对她伤害甚大。直到清朝，王士禛作秦淮杂诗时仍然提到此事，诗曰："新月高高夜漏分，枣花帘子水沉熏，石桥巷口诸年少，解唱当年白练裙。"

后来王伯谷为她解决此事，免除灾厄。她为表示感谢，曾想委身于王伯谷，但伯谷没有接受。后来王伯谷 70 岁生日时，马湘兰为他在飞絮园置酒庆祝，吟诗作对笙歌达旦，达一个月之久，是金闾数十年从来没有的盛事，被人津津乐道。她的豪气还表现在她常挥金以赠少年，许乃椿有诗吟："十万黄金酬侠少，英雄季布出红妆。"将秦淮之妓与季布相比拟，可见马湘兰真乃一奇女子也。

她为王伯谷庆生之后回到金陵没多久即染病，并有预感自知病况难愈，于是在一个午后燃灯理佛，沐浴更衣，端坐而逝，享年57岁，留有诗作2卷。王伯谷为她写传并将诗作付之刊刻，台北"国家图书馆"藏有《马湘兰诗二卷》巾箱刻本，北京国家图书馆藏有王伯谷撰述的《马湘兰传》。

王伯谷（1535—1612），原名稚登，字百谷、伯谷，号半偈长者、广长庵主，吴门人。他4岁能作对，10岁能作诗，嘉靖末入太学，万历年间被召入京修国史，拜文征明为师，成为吴门派的中坚。文征明去世后，由他主掌文坛30余年。王伯谷善书法，真草隶篆皆能，著作丰硕，一生著有诗文集21种。他同时也是明末有名的剧作家，著有《彩袍记》、《全德记》，在金陵剧坛甚具影响力。

马湘兰与王伯谷的交情不同一般，她在24岁时认识37岁的王伯谷，此后相交30余年。虽然两情相悦，却难成眷属。有一次王伯谷向马湘兰索画兰花，湘兰在画上题诗曰："一叶幽兰一箭花，孤单谁惜在天涯，自从写入银笺里，不怕风寒雨又斜。"被认为是有意委身的暗示，但终无结果。

自古以来才子佳人缠绵悱恻的故事，无不动人心弦，而才子与名妓的情爱如此醇厚，一样令人动容。马湘兰曾在一幅自画兰花图上题诗："绝壁悬崖喷异香，垂液空惹路人忙，若非位置高千仞，难免朱门伴晚妆。"她虽身为妓女，却自比悬崖绝壁上的孤兰，而非路柳墙花，非一般凡夫俗子能一亲芳泽。此种才气与自视，深深吸引了王伯谷，两人进而惺惺相惜，成就一段千古佳话。

上海图书馆藏有马湘兰写给王伯谷的八通书信，缱绻之情流露无疑，语重心长，缠绵感人。例如：

> 良宵夜月，不审何日方得倾倒，令人甚念甚念！即欲买舸过君斋中，把酒论心，欢娱灯下，奈暑甚，难以动履，又不能遂此衷。薄命如此，恐终不能如愿也，言及于此，心甚凄然，玉郎曾垂怜一二否？

又如：

> 遥想丰神，望之如渴，心事万种，笔下不能尽，谅罗居士口详之也，会晤无期，临书凄咽，唯心照。
>
> 闻明日必欲渡江，妹亦闻之心碎，又未知会晤于何日也，具言及此，悲怆万状，倘果不遗，再望停舆数日，则鄙衷亦能尽其万一也。

她在信中对王伯谷的称谓有"百谷二郎"、"百谷二哥"、"登哥"、"二兄至契"等，她则自称"马玄儿"、"玄儿"、"玄妹"、"薄命妹马月娇"、"娇妹"等，也可看出两人确是情深意重。

吴湖帆在为这八扎卷题词时说：

> 一点芳心，八通犀语，十分婉转温柔。绮障三生，凭传千种绸缪。药垆惊断鸳鸯梦，只消磨、蕙伴兰俦。月悠悠，秋水南华，春草西楼。红妆季布旧知名，忆折钗韵事，一笑回眸。孔雀庵深，绿笺翰染香留。几番密扎殷勤寄，尽珠玑、小字银钩。细推求，纸短情长，多少闲愁。

这段话将马湘兰的一生深情描述得十分贴切。

卞玉京（图141）

卞玉京，原名卞赛，一名赛赛。秦淮名妓，后来出家当女道士，自号玉京道人，因此世人习称卞玉京。

卞玉京出身秦淮官宦之家，因父亲早逝，家道中落，与妹妹卞敏沦为歌妓。她会书法，工小楷，善画兰花，一开笔即可画尽十余张纸，并且善鼓琴。年16为妓，居金阊虎丘，居处一尘不染，见客不太会应酬，若遇文士则高谈阔论尽兴而归。

崇祯十四年（1641），卞玉京认识名诗人吴梅村，双方谱出一段恋情。但因当时卞玉京被崇祯皇帝的妻舅田畹看上，吴梅村迫于权势之下黯然离开。

吴梅村（1609—1672），原名吴伟业，字骏公，号梅村，江苏

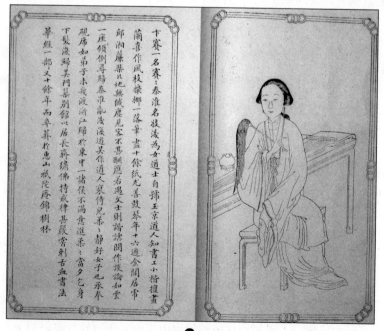

太仓人。崇祯四年（1631）榜眼，历任翰林院编修、南京国子监司业、左允中、左庶子等职。明亡后归返故里，写下许多亡国悲惨生活的诗篇；入清后，顺治十年（1653）朝廷强召入朝为官，顺治十三年（1656）辞官。他为自己降清之举感到后悔，后悔之情也呈现在他的诗作中。

崇祯末年清兵南下，卞玉京改道士衣装逃出虎口，不久渡浙江嫁给一个王侯，但生活不得意。卞玉京自求离去，回到吴门落发出家，长斋礼佛。当时名医郑保御资助她建一别馆长住，戒律甚严，她为报答郑，曾经刺舌血书写法华经一部赠送郑保御。出家10余年后去世，葬于惠山祇陀庵锦树林。

卞玉京与吴梅村的恋情虽然没有结果，但彼此牵系在心。顺治七年（1650），她在钱谦益家看到吴梅村所写的《琴河感旧》4首诗，知道梅村对她的思念。诗曰：

> 休将消息恨层城，犹有罗敷未嫁情，车过卷帘劳怅望，梦来携袖费逢迎。青衫憔悴卿怜我，红粉飘零我忆卿，记得横塘秋夜好，玉钗恩重是前生。

后来两人在太仓相见，她为梅村操琴，梅村不胜感怀，为她写下《听女道士卞玉京弹琴歌》，一开始写道：

> 驾鹅逢天风，北向惊飞鸣，飞鸣入夜急，侧听弹琴声，借问弹者谁，云是当年卞玉京。

然后从他与玉京相识开始娓娓道出玉京一生境遇，最后写下：

坐客闻言起叹嗟，江山萧瑟隐悲笳。莫将蔡女边头曲，落尽吴王苑里花。

此后一别即无缘再见。卞玉京去世后，康熙七年（1668）九月吴梅村前往拜谒玉京墓，又写下了《过锦树林玉京道人墓并序》，诗曰：

金粟堆边乌鹊桥，玉娘湖上蘼芜路，油壁曾闻此地游，谁知即是西陵墓。乌桕霜来映夕曛，锦城如锦葬文君，红楼历乱燕支雨，绣岭迷离石镜云。绛树草埋铜雀砚，绿翘泥涴郁金裙，居然设色倪迂画，点出生香苏小坟……紫台一去魂何在，青鸟孤飞信不还，莫唱当时渡江曲，桃根桃叶向谁攀。

诗中道尽有情人生死别离的无限情怀。

李香君（图142）

李香君（1624-1653），原名香，字香君，秦淮河畔媚香楼名妓。她身材娇小，肤白如玉，丰神俊婉，被戏称为"香扇坠"。她知书，性具侠骨，且慧眼识人，艳名远播，四方才士以能与她见上一面为荣。

崇祯十六年（1643），名士侯朝宗到白门应试时与李香君相见一面，两相慕悦，互谱恋情。当时阉党阮大铖受到复社清流人士的攻讦，首领其事的人是陈定生（贞慧）与吴次尾（应箕）。这两人与侯朝宗是至交，阮大铖想借侯朝宗之助排解此事，于是请人送酒食给侯，并为香君准备妆奁及缠头等物，花费不赀。香君得知是阮大铖的意思，即悉数退还。阮大铖大怒欲杀侯朝宗，侯逃亡，香君送至桃叶渡，为他唱《琵琶记》以表情意。

侯朝宗（1618－1654），原名方域，字朝宗，河南商丘人，父祖均在朝廷任官。他自幼聪敏，随倪元璐学习诗书。早年放荡不拘，后来悔过向上，将其书斋改名为"壮悔堂"，发愤读书，终成明末文学大家。

明末福王继位后遍索歌妓，香君被选入宫。后福王亡于清军，香君只身逃出，依附卞玉京素斋礼佛，以终其身。

李香君与侯朝宗定情之时，侯以宫扇一把赠与。侯逃亡之后，香君日日把玩不离手。当时阮大铖逼香君嫁给漕官田仰为妾，田仰曾以三百金要见香君一面，香君不从。田派人前去劫持，香君逃跑时不慎坠楼，虽未死但血溅宫扇之上，杨龙友就血点添加枝叶画成

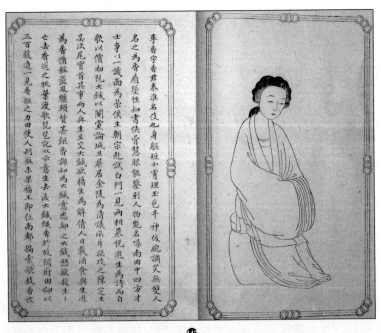

折枝桃花。香君将扇寄给侯朝宗，侯看后甚为感动，为她写成《李姬传》，剧作家孔尚任将他们的故事写成《桃花扇传奇》以记此事。

柳如是（图143）

柳如是（1618—1664），本姓杨，名爱，字蘼芜，后改姓名为柳是（又称柳隐），字如是，号我闻居士，又称河东君。工诗善画，精通音律，分题步韵，顷刻立就，在二十一二岁时即以"柳隐如是"之名刊印《戊寅草》及《湖上草》诗集，在秦淮名妓中应该算是学识最好的了。

柳如是15岁时认识复社成员陈子龙，后与其同居，陈子龙曾为她的《戊寅草》作序。22岁时认识钱谦益，对钱之才学十分倾服，曾对人说吾非才学如钱学士者不嫁；钱谦益听闻后非常高兴，也说

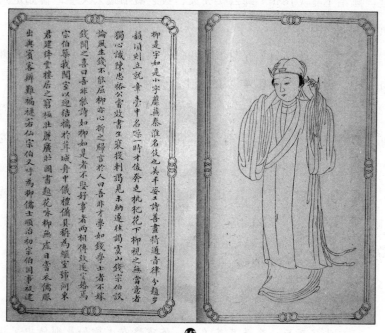

吾非能诗如柳如是者不娶。有好事者将话互相传达，因而造就一段姻缘，钱谦益还建筑"我闻室"让她居住。柳如是24岁时在茸城（即松江）的芙蓉舫中结为连理，成为钱的继室。

钱谦益（1582—1664），字受之，号牧斋，晚号蒙叟、东涧老人。江苏常熟人，明末文坛领袖人物，也是有名藏书家，筑绛云楼广储图书。万历三十八年（1610）进士，官至南明弘光朝礼部尚书；明亡降清，担任礼部侍郎及修明史副总裁。顺治三年（1646）辞官后，表面上是在绛云楼检校藏书，暗中却与反清势力联络，支持抗清义军。朝代更迭时，他多变的政治性格非常明显。

柳如是喜穿幅巾弓鞋，着男子服饰，因此钱谦益称她为柳儒士，又称她河东君，因为柳姓郡号"河东"，唐代柳宗元即著有《柳河东集》。钱谦益建绛云楼，广储图书，柳如是即搬进绛云楼居住。顺治七年（1650）绛云楼火灾，钱之藏书毁去大半，柳如是因此搬到红豆山庄居住。

康熙三年（1664）五月二十四日钱谦益逝世，六月二十八日柳如是上吊自缢，结束其47岁的人生，死后葬于拂水山庄。

对于柳如是的死，国学大师陈寅恪认为她是殉夫，他说："河东君以儒士而兼侠女，其杀身以殉牧斋。"陈寅恪对她这种"士为知己者死"的情怀极其肯定。

柳如是的自杀固然与钱谦益的逝世有关，但最直接的原因是钱谦益死后，因儿子文弱，族人聚众争家产。柳如是虽尽出她自己的妆奁珠宝，族人仍然争产如故，于是柳如是留下遗书给女儿后自缢。

她在遗书中说：

汝父死后，先是某某（注：陈寅恪在《柳如是别传中》指出其为钱朝鼎）并无起头，竟来面前大骂，某某还道我有银，差尊王来逼迫，尊王、某某皆是汝父极亲切之人，竟是如此诈我……赖我银子，反开虚帐来逼我命，无一人念及汝父者。汝年纪幼小，不知我之苦处，手无三两，立索三千金，逼得汝官与官人们进退无门，可痛可恨也……我来汝家二十五年，从不曾受人之气，今竟当面凌辱，我不得不死。

黄裳在《榆下说书》中认为，在封建社会中柳如是以继室身份掌握钱家20余年的经济大权，是钱家族人所不能容忍的事，所以才有争夺家产的事发生，而柳如是的自杀是对这种封建主义的反击。

也有研究认为柳如是一向怀抱反清复明的政治态度，她和钱谦益与各地反清运动的领袖都有联系。而康熙元年（1662），明永历皇帝被捕遇害，二年郑成功逝世，三年钱谦益病逝后，柳如是感觉复明无望，又遭逢争产家变，因此选择自杀，应该与其政治性格也有关系。

柳如是遗书中提到的"尊王"，即是钱曾。钱曾述古堂及也是园的藏书有一部分是继承钱谦益而来，不知在这场争产过程中是否另有所得。

柳如是的一生，故事性极强，后世以其作为主体所撰写的小说很多，称她为女中丈夫、风尘奇女、秦淮翘楚等，另外编成戏剧、电影也不少。连国学大师陈寅恪也研究她的一生事迹，写了一本50万字的《柳如是别传》，她若地下有知，也当含笑九泉了。

董青莲（图 144）

董青莲（1624—1651），原名董白，字小宛，一字青莲，是秦

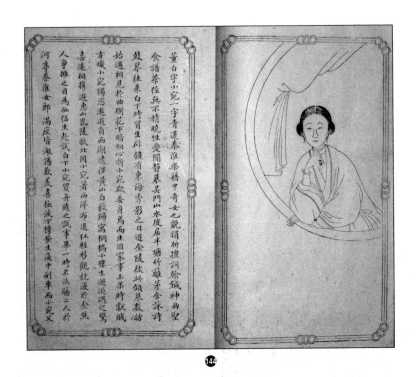

（144）

淮诸妓中的奇女子。她不但面貌娟秀，而且擅长作词刺绣编曲，有"针神曲圣"之誉，对食谱茶经也无不精晓。性喜闲静，居住在吴门半塘的竹篱茅舍中，咏诗鼓琴，往来无白丁。

当时冒辟疆游金陵，倾慕董青莲，来访数次才遇着，彼此都才情洋溢相互折服。青莲有意委身于他，但因冒辟疆当时属意陈圆圆，因此未能接受，但从此造就了民间熟知的冒辟疆与董小宛缠绵悱恻的爱情故事。

冒辟疆（1611—1693），原名冒襄，字辟疆，号巢民，江苏如皋人。他一生仕途不顺，但才气很高，是明末清初的文学家。25岁时参加复社，与陈贞慧、方以智、侯方域被称为四公子。复社抨击阉党、议论朝政，被阮大铖视为眼中钉，辟疆曾被阮大铖派锦衣卫逮捕，第二年才脱离牢狱之灾。他一生著作颇丰，传世的有《先世前

古书犀烛记

176

征录》、《朴巢诗文集》、《水绘园诗文集》、《影梅庵忆语》、《寒碧孤吟》及《六十年师友诗文同人集》等。

当时张献忠作乱，社会上一片风声鹤唳，小宛却独自遨游四方，从西湖出发远游黄山白岳，回来后居住于桐桥小楼。冒辟疆与她重逢甚为惊喜，于是相偕同游惠山、毗陵、阳羡、澄江、北固等地。在金焦观看龙舟竞渡时，小宛身着西洋布退红轻衫，极为显眼。游人争睹其风采，视二人为神仙眷侣。

崇祯十五年（1642）冒辟疆参加乡试仅中副榜，自觉怀才不遇，董小宛也因为父亲刚过世，一时事如乱麻，两人无法谈论进一步婚嫁之事。钱谦益知道后亲自到半塘出资解决，并雇船送小宛到如皋冒家，知道的人都称赞钱谦益的高厚友谊。

小宛嫁入冒家之后，与冒辟疆吟诗歌咏日无间断，并搜集古今宫闺事物，辑为一书名曰《奁艳》。她偶尔也作小画，笔墨楚楚有致。因她喜爱梅月，因此绣阁遍植梅花，月明之夜，凭栏欣赏通宵不寐，生活极其惬意。

甲申年（1644）清军攻克北京，崇祯自缢于煤山。辟疆与小宛仓皇避难，乱后回归故里，小宛却因过度劳累而香消玉殒，享年只有27岁。冒辟疆撰写《影梅庵忆语》2400余言来悼念她，张公弼为她作传。清道光年间彭梅垞以这个故事写成《影梅庵传奇》。

董小宛才华出众却红颜薄命，她的早逝让人不舍，吴梅村就为她写了《题冒辟疆名姬董白小像并引》8首诗以为悼念。他在引中说：

> 呜呼！针神绣罢，写春蚓于乌丝，茶癖香来，滴秋花之红露，在轶事之流传若此，奈余哀之恻怆，如何镜掩鸾空，弦摧雁冷，因君长恨，发我短歌，诒以八章聊当一嘅尔。

诗曰：

射雉山头一笑年，相思千里草芊芊，偷将乐府窥名姓，亲击云墩第几仙。

珍珠无价玉无瑕，小字贪看问妾家，寻到白堤呼出见，月明残雪映梅花。

钿毂春斗鬭画裙，卷帘都道不如君，白门移得丝丝柳，黄海归来步步云。

京江话旧木兰舟，忆得郎来系紫骝，残酒未醒惊睡起，曲阑无语笑凝眸。

青丝濯濯额黄悬，巧样新妆恰自然，入手三盘几梳掠，便携明镜出花前。

念家山破定风波，郎按新词妾唱歌，恨杀南朝阮司马，累侬夫婿病愁多。

乱梳云髻下高楼，尽室仓皇过渡头，钿合金钗浑抛却，高家兵马在扬州。

江城细雨碧桃村，寒食东风杜宇魂，欲吊薛涛怜梦断，墓门深更阻侯门。

8首短诗叙述董小宛一生，短短27年的生命，令人不胜欷歔。

顾横波（图145）

顾横波（1619—1664），原名顾媚，字眉生，号横波，晚号善持君。蠮持老人余怀《板桥杂记》写她："庄好靓雅，风度超群，鬓发如云，桃花满面，弓弯纤小，腰肢轻亚，通文史，善画兰，追步

顾媚字眉生又名眉横波晚筛善持君泰淮名伎庄好靓雅风度超羣冀髮扣雲桃花满而弓等织小腰服轻亚通文史善画萧逸步马湘阑而姿容胜之家有眉楼绮窗绣帘牙签玉轴堆列几案瑶琴锦瑟陈设左右奇烟像绕着马丁当冀持老人尝戳之曰味眉楼乃迷川迷楼之是时江南侈靡女酒之诬座无眉娘不乐而无艳谋家厨食品眉楼设罢老人愤甚徵讨之归讼乃辞眉娘盗匿全库酒肥蒙尚书甚尚书豪雄盖代视全王和冀土得眉狼伍之益轻财好施家有求

马湘兰而姿容胜之。"

横波乃秦淮名妓之一，居家有眉楼一座，绮窗绣帘，牙签玉轴，堆列几案，瑶琴锦瑟，陈列左右。余怀戏称此非眉楼乃迷楼也，因此人们改称之为迷楼。当时江南奢靡风气盛行，酒宴无眉娘不乐，尤其喜欢顾家的酒食。

顾横波最让男人受不了的是她的一双媚眼，以现在的说法就是她的眼睛擅长放电，所以她的名、字、号与居所的名称都与她的媚眼有关。第一个拜倒石榴裙下的是南京的名门公子刘芳，但刘芳的家人反对他迎娶妓女，因此没有结果。顾横波另结新欢，刘芳抑郁而死。崇祯十二年（1639），20岁的顾横波认识了24岁的进士龚鼎孳。2年后，顾横波嫁入龚门成为官夫人。

龚鼎孳（1615-1673），字孝升，号芝麓，祖籍江西临川，后迁居安徽合肥，明末诗人，与吴梅村、钱谦益并称江左三大家。崇祯七年（1634）进士，任官兵部给事中，入清后降清，担任兵部、刑部、礼部尚书等职，著有《定山堂集》等书。

龚鼎孳豪雄盖代，视金玉如粪土，得横波之助，更是乐善好施。宾客有求龚尚书诗文墨宝及顾横波兰画者众，画款都是横波手书。龚担任清廷尚书之职，其元配童夫人不愿接受封赏，将一品夫人诰封让予顾横波，因此顾横波是秦淮名妓中社会地位最高的人。

由于处于明清鼎革之际，秦淮八艳诸名妓都会劝她们的丈夫或情人注重节操，不做降臣，以免晚节不保。但顾横波却不一样，降清后的龚鼎孳常对人说："我愿欲死，奈小妾不肯何。"这是顾横波受人争议的一件事。另一件受人争议的是刘芳抑郁而死，这与顾横波的移情别恋有关。不过顾横波既身为秦淮名妓，她无法嫁入刘门而另寻幸福，本不为过，这事似不能怪罪于她。

康熙三年（1664），顾横波在与龚尚书重游金陵返回京师后，即生病去世，享年45岁。入殓时面呈老僧像，葬礼备极哀荣，吊唁的车队达数百乘。龚鼎孳为她撰写《白门柳传奇》以悼之。

寇白门（图146）

寇白门（1624-？），原名寇湄，字白门，精曲艺，善画兰，懂诗韵能吟咏。秦淮名妓，十八九岁时被保国公朱国弼赎身。按明朝的习俗，风尘女子从良或婚嫁都必须在夜间进行；朱为了显示隆重，动用5000名士兵手执红灯笼从武定桥一路列队到内桥朱府，照耀如同白昼，迎亲场面盛况空前。

甲申年（1644）三月清军入京师，朱国弼降清，全家被软禁。后赖寇白门回到金陵筹钱万金，才将朱府全家救出，而白门也离开

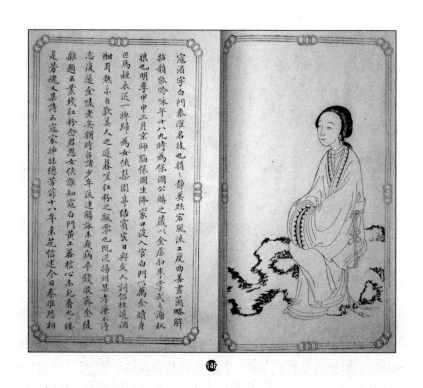

寇湄字白門秦淮名妓也娟〻靜美跌宕風流工度曲善畫蘭略解拈韻能吟咏年十八九時為保國公贖之歲八金屋如李掌武之謝秋娘也明季甲申三月京師陷保國生降家口沒入官白門以萬金贖身匹馬短衣遲〻牌歸為女俠集園喜結賓客日與文人詞客往還酒酣耳熱亦自歎美人之遲暮落紅粉之飄零也阮浚揚州某孝廉不浮志渙遂金陵老矣猶時名婚少年流連篤咏未幾病卒錢散養金陵雜題云業殘紅粉念君恩誰知寇白門黃土蓋棺心不死香尤縷是芳魂又累雲寇家帲幪德芳菲十六年朱花信迷今日秦淮恨相

朱国弼，匹马短衣，只带一女婢返回金陵重操旧业。人们对她筹金救夫的作为甚为敬佩，称为女侠。

寇白门返回金陵后，建筑庭园、结交宾客，日与文人雅士相互酬应往还，在酒酣耳热之时也会自叹美人迟暮，年华不再。这期间她曾跟随扬州某孝廉，但生活不得意，又回金陵继续她的旧业。

吴梅村在寇白门离开朱国弼返回金陵重操旧业时，与其相遇，觉其有沦落之感，因此作了几首诗赠送她。

《梅村诗集》中《赠寇白门》诗6首曰：

南内无人吹洞箫，莫愁湖畔马蹄骄。殿前伐尽灵和柳，谁与萧娘斗舞腰。

朱公转徙致千金，一舸西施计自深。今日只因勾践死，难将红粉结同心。

同时姊妹入奚官，桐酒黄羊去住难。细马驮来纱罩眼，鲈鱼时节到长干。

重点卢家薄薄妆，夜深羞过大功坊。中山内宴香车入，宝髻云鬟列几行。

曾见通侯退直迟，县官今日选蛾眉。窈娘何处雷塘火，漂泊杨家有雪儿。

旧宫门外落花飞，侠少同游并马归。此地故人骕唱入，沉香火暖护朝衣。

清朝余怀《板桥杂记》中说她年老时，仍日与诸少年为伍，流连觞咏。有一次她即使生病了，仍然召唤所喜欢的韩生前来，泣诉悲情，并且想要留他住下来。但韩生以有事推托，临走，白门仍然紧拉着不忍放手。到了夜里却听见韩生在婢女房间嬉笑，她拖着病体起身大骂韩生负心如禽兽，因此病情更加沉重，遂一病不起。

钱谦益在《金陵杂题》中云："丛残红粉念君恩，女侠谁知寇白门，黄土盖棺心未死，香丸一缕是芳魂。"又题《寇白门》诗曰："寇家姊妹总芳菲，十八年来花信迷，今日秦淮恐相值，防她红泪一沾衣。"也似乎说明寇家佳丽不只白门一人而已，但以白门最为突出，名列秦淮八艳之一。

陈圆圆（图147）

陈圆圆（1624—1681），原姓邢名沅，因母亲早逝，养育在姨父家，改从姨父姓陈。字圆圆，一字畹芬，祖籍武进，后迁居苏州桃花坞。秦淮名妓，能歌善舞，色艺冠时。

崇祯末年，流寇作乱，皇帝忧心劳瘁。外戚田畹以重金挑选美女，想给皇帝解闷，陈圆圆被选中送入皇宫，但崇祯无心于此，遣送这些美女回去。陈圆圆被送回田府，田畹惊艳其美色，于是纳她为妾。

李自成进逼北京，崇祯急召吴三桂镇守山海关，田畹也忧心忡忡。圆圆建议他结交吴三桂以保安全，于是田畹盛宴邀请吴三桂。席间圆圆率队为其表演歌舞，吴三桂一见圆圆，顿时神驰心荡，甚为倾倒。在宴席当中，流寇来袭的警报频传，吴三桂要田畹把陈圆圆送给他，他会保护田家先于保护国家，于是带走了圆圆。

吴三桂出关时听了父亲吴襄的建议，将陈圆圆留在京城吴府，以免随军前往太过招摇让崇祯皇帝知道。后来流寇进城，吴襄投降，圆圆被李自成的部将刘宗敏抢夺而去。李自成本想劝吴三桂投降，但吴三桂听闻圆圆被夺，冲冠一怒为红颜，开关迎清兵入城，共同围剿李自成。李自成兵败，杀吴襄一家30余口后弃城出走。吴三桂为报杀父之仇，日夜不停追赶李自成到山西，而他的部将已经在京城寻获陈圆圆。吴三桂闻之大喜，在帐前张灯结彩，亲自前往30里路迎接，带着圆圆一路到达云南。

顺治年间，吴三桂晋爵为平西王，本欲封圆圆为正妃，圆圆借故推辞。于是吴三桂另娶他人为正妃，而此人强悍善妒，吴三桂的许多姬妾被她所杀。圆圆遂决定长斋礼佛，削发为尼。吴三桂为她在五华山建筑华国寺居住。

康熙十二年（1673），清廷决定撤藩，引发三藩之乱。康熙十七年（1678）清廷出兵云南，吴三桂病死，其孙吴世璠继位。康熙二十年（1681）昆明被围，吴世璠自杀，余众投降，陈圆圆也投华国寺外之莲花池而死。

明清鼎革的关键事件是吴三桂迎清军入关，共同对抗李自成，加速明朝的覆亡，而其中的关键因素是陈圆圆。吴三桂冲冠一怒为红颜，也让陈圆圆背上了红颜祸水的骂名。

吴梅村的《圆圆曲》，一开始就说："鼎湖当日弃人间，破敌收京下玉关，恸哭六军俱缟素，冲冠一怒为红颜。"实则，明朝的灭亡其来有自，从晚明时期皇帝的昏庸无能不理朝政、宦官掌权跋扈、党争激烈，官吏文士仍然歌舞升平且沉迷与名妓酬应，社会一片逸乐风气可以看出端倪。若要陈圆圆为明朝的覆亡负责，未免太过。吴三桂多变的政治性格，才是明朝覆亡的那根稻草。

人的宿命与历史的宿命一样，天意难违。如果陈圆圆没有被田畹选中送入崇祯皇宫，她可能就成为冒辟疆的妻妾。冒辟疆就是因为圆圆被选入皇宫，觉得无缘再见，而转与董小宛结识相好。如果陈圆圆没有与吴三桂见面，吴三桂就不会为她倾倒，也就没有冲冠一怒为红颜的事情发生。清兵不会这么轻易入关，明朝的国祚或许还能延续，历史或许就不是现在这样了。然而一切都有定论，这些"如果"都只是后人庸人自扰罢了。想象那没有发生的如果，或许是在填补对现实的缺憾吧！

圆圆晚年削发为尼，固然是与避开吴三桂正宫的迫害有关，但在她的内心里是否也为吴三桂的冲冠一怒感到忏悔？正如叶衍兰在序里所说："至桃叶柳枝皆有盛名绝艺，或以明慧著，或以节烈彰，或以豪侠倾动一时，或以禅悦忏修晚境。"这以禅悦忏修晚境的就是陈圆圆了，她不仅忏修晚境，而且她不接受吴三桂正宫之尊名，也可以看出她的心境。以一个青楼女子而言，处于这战乱动荡的时代，不随波逐流，还能心有坚持，真是值得敬佩。

晚明是一个很特别的时代。政治上混乱无序，万历皇帝将近30年不上朝；朝政被权臣及宦官把持，彼此党争激烈。朝政日渐衰败，注定明朝的末日不远。

而在社会上，人们因政治生活失意而私人生活空间变得相对广扩。享受、娱乐、个性解放等风气弥漫整个社会，因为娱乐的需求增加，名妓应运而生。大陆学者柳素平在《晚明名妓文化研究》中即列出121名晚明时期的名妓资料，这在中国历史上是少有的现象。每个朝代能被列为名妓者均仅数人而已，而晚明几十年间就有这么多人列名其中，这也是晚明的一种文化特色。

要能成为一位名妓，必须身隶妓籍。但她不同于普通娼妓，除了美貌之外，还需要有出众的才气，琴棋书画、诗词歌赋都要能懂，而且要具备其中一项或数项擅长，以艺术才华闻名，名气广泛为人所知。她们当中，有人留下了诗词画作于后世，有人被文人雅士写进了诗词著作中。名妓交往的对象多是名士或官吏，由于本身才气出众，所以能和他们诗酒酬应、信札往来、情同至交，甚至成为他们的妻妾。

柳素平说名妓之名，不仅名在有才、有识、有坚志、有深情，更名在有胆、有量、有心计、有行动力、有自主精神。证诸秦淮八艳，都具备这样的条件，实在不能仅以青楼女子视之。在改朝换代的动荡中更能看出她们的民族情操，较诸须眉有过之无不及也。

《百美新咏》

乾隆五十二年（1787），粤东颜希源在射雉城获得《百美诗》50韵，心窃艳之，读来有如绝代佳人后先媲美，目不暇给。但经一再披览，却觉得编列杂乱，似无起结，也少贯串，而且复字迭见不可胜数，于是起了重编之意。他在《自序》里说："余不揣固陋，效作一，首列宫闱于前，臣庶于后，列色艺才学者于前，淫乱流离者于后，贞淫贤否之中，微寓抑扬褒贬之意，终以神仙作结，为其归于虚无杳渺而已……末并采其事迹，缀以图传，用备参观。"诗成之后，并请其友人罗橙塘、江片石共同校订，字有重者删之，句未工者正之，即成《百美新咏》。

颜希源，字问渠，号鉴塘，又号梅岭客，广东人。

所谓《百美新咏》者，实际人数有102人，其中飞鸾、轻凤视为一组，大乔、小乔视为一组，故称百美。颜希源对此百位历代美人，每人赋以一句五言诗，诗与人相互对应，此乃全书中之菁华，抄录如下（图148）：

佳人难再得，珍宠贮娇宜，宝帐重重护，金莲步步移。

（李夫人）　　（陈后）　　（飞鸾轻凤）　　（潘贵妃）

靓妆凭绮阁，熏浴出汤池，奉召初伸掌，朝尊淡扫眉。

（张丽华）　　（杨贵妃）　（钩弋夫人）　（虢国夫人）

浣溪留艳迹，织室显殊姿，绿供螺痕黛，颜增獭髓医。

（西施）　　　（潘夫人）　（吴绛仙）　　（邓夫人）

助妍梅点额，齐润玉如肌，始掠秋蝉鬓，新裁雪迭蓉。

（寿阳公主）　（甘后）　　（莫琼树）　　（张丽嫔）

胜兰吹气馥，洒竹泪纹滋，缠足昭蟾影，回身肖鹤仪。

（丽娟）　　　（娥皇女英）　（窅娘）　　　（凝香儿）

斛珠空慰念，纨扇表幽思，丽句传笺采，憨容傍辇驰。

（梅妃）　　　（班婕妤）　　（袁大舍）　　（袁宝儿）

环刀归汉帝，戎服作阏氏，仕宦金吾匹，权衡学士师。

（孙夫人）　　（王昭君）　　（阴后）　　　（上官昭容）

第四章　图咏

雀屏占妙选，鸾镜志临歧，浅浅流霞晕，天天泡露枝。

（窦后）　　　（乐昌公主）　（薛夜来）　　（戈小娥）

一声河满唱，百绝禁闱诗，乍望神先沮，无言志强持。

（孟才人）　　（花蕊夫人）　（邢夫人）　　（息夫人）

妖娆三少貌，愧悔十香词，仓猝游畋异，频仍废立奇。

（夏姬）　　　（懿德后）　　（冯小怜）　　（羊后）

凤来良有以，狐媚亦奚为，倩盼终应悼，温柔讵可怡。

（赵飞燕）　　（武则天）　　（卫庄姜）　　（赵合德）

同心惭赐结，面首笑充帷，漫举烽烟戏，翻令垓下悲。

（宣华夫人）（山阴公主）　　（褒氏）　　　（虞姬）

乔公欢两婿，秦国侈诸姨，我见犹怜汝，卿呼更属谁。

（大乔小乔）　（秦国夫人）　（李势女）　　（王戎妇）

腻鬟常引蝶，龋齿想支颐，小口樱桃颗，纤腰杨柳丝。

（楚莲香）　　　（孙寿）　　　（樊素）　　　（小蛮）

舞衣曾怯重，歌慢镇教垂，史为修娥撰，才因协律知。

（薛瑶英）　　　（宠姐）　　　（莹娘）　　　（雪儿）

璇玑图蔚若，啰唝曲凄其，翰墨畴能蔽，丹青倒好嬉。

（苏蕙）　　　（刘采春）　　　（卫夫人）　　　（管夫人）

辨弦分二四，代戍失雄雌，顿觉参禅悟，宁愁记拍遗。

（蔡炎）　　　（花木兰）　　　（琴操）　　　（张红红）

龙门陪乘着，蜀郡校书推，越礼从司马，闻名动牧之。

（随清娱）　　　（薛涛）　　　（卓文君）　　　（紫云）

黄昏潜约后，古渡许迎时，待月藏萧寺，吟红向水湄。

（朱淑贞）　　　（桃叶）　　　（崔莺莺）　　　（韩氏）

逾垣谋甚捷，执拂去毋迟，审戒虚云犯，销魂定不疑。

（红绡）　　　（红拂）　　　（叶小鸾）　　　（粉儿）

章台欣复合，溢浦恨轻离，欲问君王觅，遑辞节度随。

（柳氏）　　　（浮阳妓）　　　（贾爱卿）　　　（关盼盼）

鸳鸯飞忍背，鹦鹉唤还痴。

（徐月英）　　　（琵琶）

驿里缘希续，楼中祸忽罹。

（秦若兰）　　　（绿珠）。

井桐题落叶，春草感天涯。

（任氏）　　　（朝云）

袍寄谐今偶，荷芬证宿尼。

（卢媚儿）　　　（开元宫人）

羊家赠条脱，仙窟饮琼卮，洛渚陵波袜，巫峰行雨祠。

（萼绿华）　　（云英）　　（洛神）　　（巫山神女）

云和凭搦管，彩翼羡联骑，辛窃长生药，何妨七夕期。

（董双成）　（弄玉）　（嫦娥）　　（织女）

在这部书里，除此五言绝句外，颜希源并为每一位美人题写一首七言律诗，更能完整阐述每一个人的生平，仅列举几位一般人较为熟悉者如下：

杨贵妃

霓裳一曲舞衣轻，含笑秋波百媚生。宫院三千皆国色，春寒独赐浴华清。

西　施（图149）

芳踪出自苎萝西，未许修明色与齐。水剩山残吴越尽，千年犹说浣纱溪。

王昭君

披图竟忍委倾城，戎服轻装万里行。多恐汉宫埋国色，画工误却未知名。

赵飞燕

堪笑残云误汉家，偏多异质使人夸。轻饥能作掌中舞，绀袖常凝石上花。

武则天

已作才人十二年，公然翚翟嗣君前。创开阴教当阳位，妄比神尧号则天。

虞 姬

飒飒悲风汉垒多，惊闻四面楚人歌。请凭一剑尊前尽，不忍君王唤奈何。

花木兰（图150）

战袍初脱贴花黄，对镜重新理旧妆。回忆黑山嘶铁骑，枕边有梦尚凄惶。

卓文君

求凰雅操结知音，已委芳心托素琴。底事茂陵弹别调，忍教人赋白头吟。

崔莺莺

西厢伫立意千重，倚遍栏杆冷露浓。花影竹声俱恍惚，空教人恨五更钟。

嫦 娥

何处偷来换骨丹，金炉九转欲成难。剧怜孤影三更月，玉露无声下广寒。

颜希源作《百美新咏》，原来只为闲暇自娱而已，但众好友见了，诗兴大发，纷纷附和。颜希源在《百美新咏集咏序》里说："予之百美有咏，亦不过闲窗啸吟偶适己意耳，何尝求知于人哉，而二三好友转相传观，于是骚人词客各出其藏，初无明珠暗投之嫌，纷纷邮寄者不期而集，取而诵之，若在大罗天上观众仙之舞霓裳，不觉自惭形秽矣。"同声相应者计有袁枚（字简斋，浙江钱塘人）、罗青植（字橙塘，浙江会稽人）、江干（字片石，江苏如皋人）、周澍（字晴岚，浙江仁和人）、黄理（字艮男，江苏如皋人）、吴廖（字石林，江苏如皋人）、吴鹏孙（字苍厓，江苏仪征人）、朱洪寅（字蟫仙，江苏如皋人）、曹星谷（字竹人，江苏通州人）、何莹（字秋潭，江苏如皋人）、朱洪炳（字秀岩，江苏如皋人）、汪怀信（字可堂，江苏如皋人）、靳光宸（字韬叁，汉军镶黄旗人）、邵帆（字无恙，浙江山阴人）曹汤鼐（字念兹，江苏金山人）熊琏、（字澹卿，江苏如皋闺秀）、黄碪（字心石，江苏如皋闺秀）等十七人。颜希源汇集这些好友们的诗作，编为《集咏》，附于《百美新咏》之后。

在颜希源的自序里提道："末并采其事迹，缀以图传，用备参观。"百美诗写成之后，索观者众，但都未知其原委，因此纷纷请他为美人作传。传写成之后，观者又都凭空想象美人的昔日风采，因此他敦请王翔为每位美人画像。王翔（1736—1795），字钵池，曾供奉内廷担任画师，山川草木鸟兽昆虫无不肖似，对于人物尤其精到。他根据颜希源写的传来摹写每一个人的容貌，"仿传内事迹，各肖其贞淫而摹写之，于是观者无遗憾焉"。颜希源对于王钵池的画像十分满意，他在《百美新咏图传诗序》里赋诗3首以记之："怪底烟云变幻多，虎头此日许经过。明窗一幅澄心纸，天上人间写素娥。""漫说杨家有肉屏，写生无数尽娉婷。笔端描出贞淫态，不比风云月露形。""多般遭际各传神，若为红颜惜此身。我恐姗姗呼欲起，披图不敢唤真真。"

有谓鉴塘主人希源先生乃诗杰也，为何独钟然于丽人耶，而且贞淫并列、仙俗杂陈？对此，随园老人袁枚为本书所作之序中即说：

要知物非美不著，美非文不传，古来和氏之璧、昆吾之剑，皆物之美而仗文士为之表章者也，况人之美者哉……鉴塘主人以润古雕今之笔，写芬芳悱恻之怀，考订史书，属词比事，得闺阁若干人，各以韵语括之，真少陵所谓五字抵华星矣。更倩名手追写其容，姗姗来迟，呼之欲活，乃清流之胜事，骚人之遐想也。目论者谓贞淫正变，微嫌屃杂，不知三百篇中咏姜嫄不遗褒姒，歌柏舟亦赋新台，此诗教之所以为大也。

在200多年前的封建时代，这些文人不强做卫道之士，不受禁于"唯女子与小人为难养也"之刻板教条，也不因某些人在史书记载为淫乱流离而摒弃不采，终能留下这历史上百美诗传，以供后人追忆。

另有谓"此皆过往之人，捕风捉影，图像必不真实"，袁枚也为希源缓颊说："汉武梁祠石刻曾子之母、老莱之妻，彼皆追摹于千载以上，能保其果肖乎，主人之为此也，亦犹行古人之道也。"颜希源自己也在所撰跋语中说："事迹征于列传，品题缀以芜言，而且拈厥修毫追其小影，水流花谢纵难招久逝之魂，月满云舒犹省识如生之面，幸无讥于画虎，恐致诮于雕虫，祇期微显阐幽褒贬，得春秋之义，但使去邪崇正劝惩，亦风雅所遗，聊写闲心，初非隐语，大抵以文为戏，休论才少才多，若夫有色皆空，莫问情长情短。"无论从文学或从艺术角度来看，《百美新咏》一书都是值得细细品味、让人不忍释手的一部文学艺术作品。

《练川名人画象》

"嘉定"这个地方在宋朝宁宗以前，隶属江苏省昆山县，古名练祁市。宋宁宗嘉定十年（1217）将昆山县东境析出另置一县，并以该纪年为名，即为嘉定县，隶属江苏省所辖。1958年改隶上海市管辖，其位置在上海市西北郊区。1992年改县为区，即是今日上海市嘉定区。

嘉定地区古来即为江南历史文化名城，文风经久不衰。该地古有练川，道光年间程祖庆广搜嘉定地区自宋朝以至清道光年间名人176人事迹，编为《练川名人画象》及《续编》。（图151）

程祖庆（？—1864），字忻有，号穉蘅，又号稚蘅，嘉定人。任官盐场大使，画承家学，山水出笔幽秀，工分隶，精篆刻，居处称陕南草堂，著有《练川名人画象》、《吴郡金石目》、《练水文征》、《隶通》、《无畦疑庵随笔》、《小松圆阁诗文集》等。

程祖庆在道光二十四年（1844）冬十月为《练川名人画象》所撰的序里说明了他辑刊这部书的心意：

> 吾邑僻处海滨……虽地非名胜，而扶舆清淑之气，流行磅礴，名贤硕士，代不乏人，唯经兵燹蟫蠹之余，前哲遗型日就湮漫，因偕同志广为搜罗，得百数十象，先付剞劂，并采史传志乘及前人传赞志铭，略辑梗概，书之象左，自维学识浅陋，曷敢妄任表章，聊志仰止高山敬恭桑梓之意云尔。（图152）

另外，道光二十七年（1847）朱右曾的序里，也对辑刊名人画像的用意提出说明，他说：

> 人情心有所慕，每思一见以为快，其不获见，而闻有称道其风采、图绘其容貌者，则怦怦焉，不啻揖之几席，遇诸梦寐也。昔赵邠卿为寿藏画晏婴、季札、叔向、子产四人于壁，文翁石室武氏祠堂，咸绘古圣贤节义之士，盖慕其人而晤诸画，睹其貌益以想见其人，尚友千古者固如是也。

朱右曾对程祖庆辑刊这部书的用心给予极大肯定，因为绘制名人图像，如果没有依凭，虚假做作，会让人产生混淆错认。程祖庆历经数年的努力搜集素材，遍访故家，摹其所藏先人画像，才绘成这百数十人的图像。

他说:

> 将目魁伟者为林宗，安知非晋之魏舒；指短小者为龚遂，安知非齐之慧晓；以状如妇人女子者为留侯，安知非魏之崔浩，若然吾乌从而辨之，吾乌从而友之……程子稚蘅，式承家学，能文章工绘事，乃襄邑中名贤，图其遗象，旁及名宦流寓诸公，或图之古寺，或索之后裔，或访之好古藏书之家，凡历数寒暑而始成。高山仰止景行行止，披是册而若者睟然可以知其养，若者毅然可以验其节，若者肃然穆然，若者怡然盎然，可以识其性情行事晬对。一室之间而向往，则效之心勃然不可遏，则上之颉颃古人，次之亦足挽晚近之浮惰，故曰稚蘅之用心至深远也。

程祖庆对于图像的绘制确实极其慎重，宁缺毋滥。他在例言里说:"若名德显著而象已失传，或后人迁徙无从访求，则姑从阙焉……诸象悉依原本钩摹，冠服均仍其旧。"

他对于这些名人的称谓也非常重视，例言里说:

> 象侧标题，仕者书官，有赠书赠，官由子孙封赠书阶；不仕者书处士，其有德行之旌于朝者亦书之；名宦书其官，我邑之官称公，尊其爵也；余皆称先生，尊其德也；仆则名之，嘉其行不能轩其分也。

这部书搜罗嘉定名人 176 人，其中正编 108 人、续编 68 人；宋朝 5 人、元朝 5 人、明朝 79 人、清朝 87 人。每人一像一传，传之资料则摘自史传志乘及前人传赞志铭，祠墓之可考者悉载之，官名地名皆依当代之制。这部书正编的刊印工作，程祖庆从道光二十四年（1844）亲自撰序及例言、请张廷济写引首、请阮元写封面书名；二十七年（1847）请朱右曾写序；二十八年（1848）请姚椿写序；二十九年（1849）二月开雕，版式仿汉竹册形式，旋因遭遇水灾而中辍，到三十年（1850）初春才雕刻完成。正编完成后，程祖庆又将他从道光二十五年（1845）开始继续访求得来的《乡先贤图像》辑为续编，从三十年（1850）春天二月开始雕版，至秋天八月完成。因此，这部《练川名人画象》及《续编》最早也是道光三十年（1850）才刊印问世的。

　　这批版片后来在太平天国时期并同程祖庆所藏未刻画像一起遭兵火焚毁。当时程祖庆已经过世，他的同邑同门友人张修府有感于世事变迁，典型易失，而且原书流传寥寥无几，于是在光绪初年商请王赓虞中丞集资重刊。版式照旧，由惠来陈凤翔负责临摹图像，湘阴吴光尧负责题写像侧文字，溧阳狄文炳及钱塘章士魁负责鸠工督刊，历时二年竣事。张修府虽然对于重刊友人著作稍感欣慰，但无法接踵其事继续纂辑乡先贤事迹，也甚觉遗憾。他于光绪四年（1878）所撰书跋中说：

　　　　自庚戌至今垂三十载，我邑巨人长德，踵先贤而起者殊不乏人，窃思续绘一编，用示来学，顾乱离播越，图像罕存，搜访之难倍于稚蘅当日，修府羁滞宦海，不获旦夕，归耕与二三同志网罗纂辑，此愿未知何日能偿，抚今瞻昔，泫然流涕，又不仅故人宿草之可悲矣。

　　这部书虽然仅谈一邑之人一乡之事，非属经史典籍，但前后不到 30 年即获重刊，可谓书灵幸甚。修府有心，祖庆有幸，其于九泉有知，当欣慰于执友的情义，让他一生心血得以传承后世。实则，祖庆编辑《练川名人画象》及《续编》之初衷，也是备受乡人执友之敬仰。张修府于道光二十七年（1847）的另一跋文中就说得非常明白：

> 世人束发习章句，渐靡俗学，能博稽其乡先生德行道义而表彰之者已鲜，遑论形貌，一二有志之士，槁项闾里，闻见狭隘，又多畏难中阻，典型日远，观感奚由，良可慨叹。今穉蘅寄意远而用力勤，如此，将使览是册者，如日与古人晤谈，羹墙步趋之念油然而生，其为功于世道人心大矣。

嘉定地区文风经久不衰，在清代出了 3 位状元，分别是康熙五十二年（1713）的王敬铭、乾隆二十八年（1763）的秦大成及同治元年（1862）的徐郙。徐郙的年代晚于程祖庆，未被收入书中。秦大成收入《练川名人画象》；王敬铭则收入《续编》。

王敬铭（1668—1721），字丹思，号未岩，又号玉溪子，擅诗画。他是康熙五十二年（1713）皇帝 60 大寿特别举办的恩科状元，授翰林院修撰。康熙曾问他父亲年岁几何，他回答说父亲与母亲齐年，都是 74 岁，康熙遂亲书"齐年堂"匾额赐给他。康熙五十九年（1720）王敬铭丁父忧归家，来年即逝，享寿 54 岁，著有《未岩诗录》、《曼衍杂存稿》等书。

秦大成（1720—1779），字仍绪，号簪园，以孝著称。他于乾隆二十八年（1763）得中状元，授修撰之职。因母亲年老需要奉养，旋即南归，主讲娄东、平江、钟山等书院。母亲逝世后，再入京充任国史馆纂修，参与《南巡盛典》的编纂。程祖庆在《传》里说他逝于癸卯（乾隆四十八年，即 1783 年），享年 62 岁，与一般说法逝于乾隆四十四年（1779）不同，逝世后入祀乡贤祠。民间有流传秦大成"盛德让妻"的故事。相传他中举之后，妻亡续弦，成亲之日看到新娘不断哭泣，原来女子从小已定亲，父母嫌男方家贫，于是将她嫁给秦大成。秦问明原因后，找来男方，将女子归还给他，并为他们置办嫁妆，完成亲事。秦大成的品德素为人所称道，去世时仅留薄田 30 亩及图书满架，他说："吾所受之先人者，即此传于子孙而已。"

《吴郡名贤图传赞》

　　《吴郡名贤图传赞》是清道光年间长洲顾沅所辑刻吴郡地方自周朝以至清代先贤之图传赞，全书分20卷共收录570人（图153）。

　　其称吴郡者，即今之苏州，古称句吴、吴州、吴郡、平江等。而苏州自古以来也另有别称，吴都、吴门、东吴、吴中、吴下、姑苏、长洲等均是。

　　苏州建城历史甚早，周武王灭了商朝之后，封仲庸五世孙周章为吴君，建立吴国，吴王阖闾即位后命伍子胥扩建都城，即今之苏州城的前身。秦始皇二十五年（前222）平定江南后，在此地设置吴县，隶属于会稽郡，并为会稽郡郡治。东汉顺帝永建四年（129），析会稽郡另置吴郡。梁朝天监二年（503）改吴郡为吴州，隋文帝开皇九年（589）改吴州为苏州。可见吴郡地区自古以来即是政治上的重要枢纽，当然也是人口、商业、文化荟萃之地，历代名人辈出。

　　有关记载此地历代先贤名人的绘像书籍，最早见于《隋书经籍志》，其上记载有《会稽先贤像赞五卷》一书，但今已不传。宋绍兴年中有瞻仪堂官宦图像，也已失传。现今可考者有明朝王世贞

《吴中往哲像赞》，但只画明代诸贤至明中叶而已，后来钱毂有所增绘，但增加无多；至清朝时，张蟾补入明朝隆庆、万历、天启、崇祯诸名贤，他所绘之图册后来被郡中彭蕴璨、蒋赓塤两人各藏其半。

顾沅为了辑印吴郡名贤，在搜集先贤画像方面的确花费很大的工夫。他首先登门拜访彭、蒋二人，从他们所收藏张蟾补绘的《吴中往哲像赞》，临摹200余人；其余则访之先贤后裔、宗祠、塑像、志书以及好古者所收藏，而且都是经过考证者。正如石韫玉在后序中所说："今顾子沅并前所存合而为册，又广搜博采自周末以至本朝，凡得五百七十人，其像或临自古册，或访得之于各家后裔，其冠服悉仍其旧，均有征信，无一凭虚造者。"

至于每一位先贤传记事迹的搜集，必须博采相关资料汇集而成。顾沅在《例言》里说："凡郡邑志传，各随事迹繁简，篇幅互有短长，是传事实一从简明。前人各传中，于年寿第宅祠墓往往略而弗载，兹广搜志铭传记以补其阙。先贤事实，自史传志传之外，嘉言懿行散见载籍及遗老传闻，于有关掌故者，本传之后略志一二以广见闻。"

也因为顾沅的用心纂辑，而且人像描绘皆有依凭，信而有征，经大司寇韩桂舲持向中丞陶澍推荐，得以在沧浪亭旁择地建祠，刻像嵌壁以垂久远。陶澍在序中说："顾生湘舟辑吴郡名贤像凡五百七十人，远征近取都为一册，其用力勤矣。大司寇桂舲韩公持以示余，及梁苣林方伯、陈芝楣观察、李葛峰太守金谓宜刻石以垂久，备劝励焉。适重修沧浪亭成，因于其旁择地为祠，吾师石琢堂先生选匠氏嵌诸壁已而。"

沧浪亭位于吴郡郡学东边，吴越时代吴越王钱镠第六子钱元璙任苏州刺史，在此地建立馆舍，宋朝庆历年间为苏舜钦所得，在池边建亭，名曰沧浪亭。靖康年间宋朝南渡后，此地归韩蕲王所有，但旋即荒废，成为当地僧侣居所。明嘉靖年间，郡守胡缵宗于其址建韩蕲王祠，文瑛和尚在大云庵旁重建沧浪亭。清道光七年（1827），梁章巨来吴重加修葺，悉还旧观，陶澍在亭西购地建祠，楼屋五楹，其下四壁石刻顾沅所辑570位先贤画像，春秋致祭，以为后人钦仰；楼上则广贮诸先贤著作，以方便好学之人察考文献。

顾沅（1799—1851），字澧兰，号湘舟，自号沧浪渔父，苏州人，出身吴中望族，自幼聪颖，能过目成诵，但无意仕途，其道德文章却深受器重。他生平嗜书，家藏宋元珍贵古籍甚多，《吴县志》记载"顾沅收藏旧籍及金石文字甲于三吴"、"图书之富，甲于东南"，他是清代著名藏书家。顾沅也热心当地慈善事业，对于沦于荒烟蔓草的名人祠墓，必斥资搜剔整顿。他另捐田千亩设立义庄，收容贫苦无依者，所以深为当地官吏所敬重，如陶澍、林则徐等人纷纷与之订交。此外顾沅也热衷地方史志的整理研究，《吴郡名贤图传赞》就是他的成果之一，其他著作还有《娄东文略》、《乾坤正气诗集》、《吴郡文编》、《赐研堂丛书》、《听漏吟》、《游山小草》、《然松书屋诗钞》等。

这部《吴郡名贤图传赞》除了顾沅费心辑编得以成书之外，画像系出自孔继尧之手，《例言》中说："画像系玉峰孔君继尧一人手笔，凡正像小影悉照原本临摹，其冠服闲有不合古制者，悉考明代正之。"镌版则系张锦章所为，在沧浪亭名贤祠图中，有"张锦章镌"字样（图154）。

这570位吴郡先贤画像，除了刻石于沧浪亭旁之外，顾沅还广搜数据缀以小传及赞语，将它刻版付印，不但要垂之久，还要行之

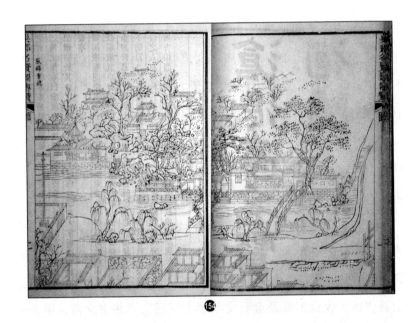

远，广布先贤典范，以兴人志气，使奋然有见贤思齐之意。汤金钊在序言中说："昔人垂教，往往取古人事迹可为法戒者；图其形状使人观省，盖鉴其气貌，较诸空言记载为尤警切动人也。吴郡代有名贤，游宦至是邦者亦多杰出之士，湘舟心慕之，非好善之笃而能如是乎。观是册者咸知爱慕而兴起，则其垂教之功为不浅已。"汤金钊，嘉庆四年（1799）进士，二十一年（1816）督江苏学政，历嘉庆、道光、咸丰三朝，曾任五部侍郎、四部尚书。

这部书除了画像及小传之外，顾沅还用心地为每一位先贤写下4句赞语，略以本文所提到几位吴郡先贤来看其赞语的描述，确能概括其一生精华事迹：

伍子胥从楚国投奔吴国，为吴破楚，并扩建苏州都城，有功于吴，最后却因吴王夫差听信谗言将伍子胥赐死，吴人感念，立祠江边致祭。顾沅赞曰："籛籛伍公，破楚兴吴，殁为潮神，灵显江湖。"（图155）

钱元璙为吴越王第六子，乾化二年（912）因功任苏州刺史，后累功授中吴建武军节度使。治苏 30 年，简约镇静，郡政循理，为吴人所尊崇，他在苏州的府邸即是后来沧浪亭之所在地。顾沅赞曰："建武持节，坐镇吴门，处贵不骄，令名永存。"（图 156）

苏舜钦是景祐初年进士，官任大理评事，经范仲淹推荐为右集贤校理，娶杜衍之女为妻。杜衍与范仲淹、富弼等人在朝廷启用新人欲行新政，与御史王拱辰等人不合，适因苏舜钦动用鬻故纸公钱，被王拱辰弹劾，王本意想要动摇杜衍，苏舜钦因而被罢官。他来苏州后买得钱元璙故家，建沧浪亭，读书作诗，著有《沧浪集》15 卷。顾沅赞曰："倜傥高才，黜非其罪，沧浪一曲，风流长在。"（图 157）

张蟾，善丹青，工人物，喜摹古圣贤像，搜罗散落已久之王世贞、钱穀所绘《吴郡往哲像》，重加临摹并增补晚明诸先贤，笔墨之妙若有神助。顾沅赞曰："丹青妙手，搜访名贤，吴中往哲，藉公而传。"（图 158）

余喜收藏这类人物画像图册，例如《练川名人画象》、《历代画像传》、《东轩吟社画像》、《百美新咏》、《秦淮八艳图咏》、《晚笑堂画传》、《于越先贤像传赞》、《三国画像》、《凌烟阁功臣图像》、《圣贤像赞》、《百将图传》及此部《吴郡名贤图传赞》，等等。此类图册都只是人物画像及简略传记，有些甚至只是一个地区，或是一个年代的人物而已，与正经正史相比，实难登大雅之堂，但是这类图籍的编辑却也煞费苦心，人像的临摹必有依凭，不能凭空虚造，人物小传也须从古典文献中广搜博采，信而有征，展卷翻阅，有图有文，必会引起阅读的兴趣，也容易让人兴起景仰之心，达到教化的目的。所以这类图籍虽难登庙堂，却有无可忽视的功能存在其中。

《东轩吟社画像》

　　《东轩吟社画像》一书，系光绪二年（1876）钱塘汪氏振绮堂所刊印，包含像、记、小传、题词及跋语。这部书的前身原来只是一幅画，由画编刊成书，除了汪氏振绮堂藏书丰富，印书也多，刊印古籍善本及乡绅著作本就不遗余力外，汪氏子孙缅怀先人，为免事往情迁，声迹无存，于是刻图成书，化一幅为千百幅，让东轩吟社垂名千载，为钱塘留一掌故，应该也是原因之一。（图159）

　　东轩吟社，是钱塘汪远孙小米先生与其昆季于道光四年（1824）所创办，一时远近名流均来响应，每月一会，吟诗讴歌饮燕冶游，吟社成为人文荟萃之地，入社者总数达76人，这些人在振绮堂刊印的《清尊集》中均有诗作记载。道光十三年（1833），乌程费丹旭为之画《东轩吟社图》，亭台、楼阁、茂林、修竹、古松、柳荫、梧桐、老树、荷池、怪石、飞流、急湍，入画者27人流连其间，或吟诗填词，或调弦抚琴，或研墨作画，或执拂谈经，或展卷问道，或呼童侍酒，人文雅集，闲逸雅致，展卷令人向往不已。

　　道光十四年（1834），东轩吟社成员之一黄士珣芗泉先生为之写记，一一说明画中27人姓氏名号。

此图后为汪远孙的侄子汪曾唯保管，历经咸丰年间太平天国之乱，仍能保存无损。至同治六年（1867），出示此图请钱塘耆老题词，其中张应昌仲甫、吴振棫仲云二人则是当年吟社成员仍存于世者，抚卷不胜感怀，张应昌题诗曰："雅集图传卅五年，余生重展涕潸然，岂为宿草晨星感，各各家园堕劫烟。轩东画里未衰时，小友而今短鬓稀，顾影龙钟惭老丑，登临著作事都非。"吴振棫写道："从官地远逃兵劫，感旧篇成渍涕痕，莫傍黄垆寻往迹，画中人只两人存。"此图目前藏于浙江省文物管理委员会。

汪曾唯又听从钱塘诸孝廉可宝之建议，认为黄士珣的记仅列姓氏爵里太过简略，应为《东轩吟社图》作传，以免将来无由得知画中人物详细数据，因此诸可宝为此27人各撰小传一篇。至此，《东轩吟社图》结合像、记、小传，已能让后世读画者清楚了解画中图像之所何指了。同治十三年（1874），汪曾唯嘱咐影摹《东轩吟社图》27人画像，分段落为13页，朝着刊印书籍的方向进行规划。此书刊印之后系以线装方式装帧，但这13页图版系以仿蝴蝶装方式装帧，展页才能看见全貌。

光绪元年（1875），汪曾唯与平湖张炳堃同在楚北为官，请张为此书写序，并请海昌王鸿朗为扉页题写书名；光绪二年（1876）秋天开雕，终于刊成《东轩吟社画像》一书。

这13幅图版描绘东轩吟社27人图像，参考黄士珣的记及诸可宝的小传，大致如下：

第一幅　汪鈇

汪鈇，字式金，号剑秋，钱塘人，诸生，家贫嗜学，尤工填词，喜游山水，即使大风雪，也要登高买醉而归，年老境困也不改其乐。

第二幅　黄士珣（左）、庄仲方（右）（图160）

黄士珣，字芗泉，号扣翁，钱塘人，贡生，富于撰述，尤留心当代掌故。著有《北隅掌录》2卷，搜罗考证非常详实，一时士大夫需要掌故数据时均求教于他，有谓"问字之酒日至门也"。

庄仲方，号芝阶，秀水人，嘉庆十五年（1810）举人，官至中书，澹于名利，不求仕进，精研朴学，曾讲学鸳湖书院。著有《碧血录》、《金文选》、《南宋文选》、《映雪斋文钞》及《映雪楼古文练要》等书。

第三幅　项鸿祚

项鸿祚，原名廷纪，号莲生，钱塘人，道光十二年（1832）举人，喜填词尤工小令，每有作品必请歌姬吟唱，风流自赏。曾自订所作词为《忆云词甲乙丙丁稿》，在自序里说："不为无益之事，何以遣有涯之生。"此语为人所津津乐道。光绪年间许迈搜求《忆云词》，重新校订补缺，题为"忆云词删存"收入《榆园丛刻》中，首页冠以项莲生画像，即从此幅中摹写而来。

第四幅　严杰（左）、汪远孙（右）（图161）

严杰，字厚民，号鸥盟，余杭人，太学生，精研经学，传注尤得汉唐经师家法。他的文章受到阮元太傅的赏识，阮元担任浙江巡

160

161

抚及两广总督时，严杰均居幕府，参与经籍的编纂。阮元在浙江巡抚任内创立诂经精舍，严杰负责编纂《经籍纂诂》116卷。两广总督任内，严杰负责编辑《皇清经解》1400卷。他自己的著作有《经义丛钞》、《小尔雅疏证》、《蜀石经残本毛诗考证》等，享年81岁。

汪远孙，字久也，号小米，钱塘人，嘉庆二十一年（1816）举人，任官内阁中书。由于家境富裕，藏书甚丰，研读经史，日有精进。他尤喜校刊善本，曾影刻宋刊《咸淳临安志》，是影刊诸书中最古之本。创办东轩吟社10年，辑录诸社友诗作，编为《清尊集》，他本身著作有《诗考补遗》、《国语考异辑存发正》、《汉书地理志校本》、《借闲生诗词》等书。当时钱塘文酒之盛、收藏之富首推汪氏，而汪氏诸昆仲又以远孙为领袖。

第五幅　费丹旭（左）、诸嘉乐（中）、高垲（右）（图162）

费丹旭，字子苕，号晓楼，乌程人。由于家学渊源，善画山水仕女，笔墨澹远，秀韵天成，受到吟社成员汤贻汾的重视，推介给汪远孙，汪延揽他入社，画《东轩吟社图》，名满四方。从他自画像中看来，他当时是属于年轻的一辈，因此他在吟社内仍然好学不断，向黄士珣学诗，向张廷济、高垲学书，由于资质聪慧，"不旬月而皆工"。他所作诗词因受战乱影响而散失，汪曾唯广为搜集，仅得十之三四，为其刊刻《依旧草堂遗稿》一卷。费丹旭自画其像似乎正在绘图的样子，黄士珣在《记》里说："据案作吟社图者晓楼自貌也。"

诸嘉乐，字令之，号秋士，仁和人，嘉庆十年（1805）进士，是最先加入东轩吟社者。曾任江苏泰兴县知县，任官数月后因不耐官场案牍劳神，辞官返回故里专事著作。曾搜集远近方言，分韵编次，著《方言韵编》24卷，未及刊刻，即因太平天国之乱，稿本悉毁，终无能流传。

高垲，号爽泉，钱塘人。其父曾中进士任县令，因押解军粮为仆所盗，受军法而死，留有遗命，望其子孙勿以功名取祸，因此高垲一生布衣，经研书法，师法褚遂良，刚健之中复含婀娜，在当时获有声名。当时阮元督浙江学政，认为万历印本《薛氏钟鼎款识》伪误甚多，于是取崇祯朱谋垔刊本、袁氏五砚楼影钞宋石刻本及文澜阁本相互校勘，请高垲手写释文题跋，书刊成后人争宝之。求其书法者，日盈门庭辄不暇给，虽然他的诗作也多，但却被他的书法盛名所掩盖了。

第六幅　吴振棫、夏之盛

吴振棫，字仲云，号毅甫，晚号再翁，钱塘人，嘉庆十九年（1814）进士，官至兵部尚书、云贵总督。他一生任官历经山东、安徽、四川、云南、贵州各省，后因积劳成疾而辞官，为官有清名，善政为人所乐道，精研词赋及经世之学，诗力尤深，著作有《花宜馆诗钞十六卷词二卷》、《养吉斋丛录余录黔语》及奏疏若干卷。他并取先人所著《杭郡诗辑》32卷加以编辑，又搜集从乾嘉至道光年初诗人之作编为续辑46卷一并付刻，对于保存乡绅先辈著作不遗余力，后来丁丙刊印《杭郡诗三辑》，就是受到他的影响。

夏之盛，字松如，钱塘人，诸生，仕途并不得志，但才气纵横。喜作翻案文字，作诗功力尤深，吟社每有宴集，分韵题诗，宴集未过半，他已作好传阅。他与吴振棫交情最好，因此费丹旭将他两人画在一起，他著有《留余堂诗钞初二集》。

第七幅 汪阜

汪阜，字至山，号觉所，钱塘人，乾隆五十七年（1792）举人，任官广东儋州知州，世代藏书丰富。诸可宝在《小传》中说汪阜的先人在乾隆编纂《四库全书》时进呈善本600余种，著录半数，书发还时，《书苑菁华》及《曲洧旧闻》两书有乾隆亲自题诗，并赐《佩文韵府》一部。实则乾隆编纂《四库全书》时，进呈善本古籍较多者有范懋柱天一阁、鲍士恭知不足斋、两淮马裕、汪启淑开万楼、吴玉墀瓶花斋、孙仰曾寿松堂、汪汝瑮振绮堂等，其中进呈600种者是汪启淑开万楼，乾隆在其《钱塘遗事》及《建康实录》两书上题诗。而《书苑菁华》及《曲洧旧闻》两书则是汪汝瑮振绮堂所进呈，其进呈仅300余种。乾隆对于进呈最多的4家：天一阁、鲍士恭、马裕及汪启淑各赐《古今图书集成》一部，其余进呈百部以上者各赐《佩文韵府》一部。诸可宝《小传》中对汪阜的叙述，说他的先人进呈善本600种，获赐《佩文韵府》的说法显然有误。汪阜后来活到77岁无病而逝，著有《寿补轩诗稿》4卷，毁于战乱。

第八幅 胡敬（左一）、邹志初（左二）、赵钺（右二）、龚丽正（右一）（图163）

胡敬，字以庄，号书农，仁和人，嘉庆十年（1805）礼部考试第一名，官至翰林苑侍讲学士。他出生前夕，父亲梦见有人担书而入，故号书农。年轻时即潜心经传，年15，袁枚见其所作诗文，

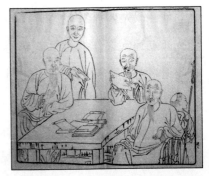

163

极为器重，说他乾坤清气得来难。阮元也说他得六朝人神髓，孙星衍主讲诂经精舍时请他写《重修大禹陵碑记》，也赞叹方今人才在浙。他先后奉诏纂修《全唐文》、《明鉴》、《治河方略》、《秘殿珠林》及《石渠宝笈三编》等书，后辞官主讲崇文书院20余年，死后入祀乡贤祠。

邹志初，字叔元，号粟园，钱塘人，道光十七年（1837）举人，官至西安县教谕。他是胡敬的弟子，40岁中举，60岁始任西安教谕，至70岁而卒。他对于自己的著作不自爱惜，都为他人拿去，故无著作流传。

赵钺，原名春沂，号雩门，仁和人，道光六年（1826）进士，官至江苏泰州知州。为官严明，后因病辞官，主掌苕南书院，仍以严格办学。晚年修禅，个性豁达，他在去世前将所珍藏明朝赵忠毅公铁如意赠送给一位姓谢的朋友，因为他恐怕如此珍贵之物将来会流落俗人之手，著有《国朝谥法考》流传于世。

龚丽正，字旸谷，号闇斋，仁和人，嘉庆元年（1796）进士，官至江苏苏松太兵备道观察，是段玉裁的女婿，因此独得汉学真传。他为官清廉两袖清风，如有所余，全部赠送亲族，赖以起家者甚多，自己则一文不名，去官之日仅载石而归。去官后主讲紫阳书院，年75而卒。胡敬曾挽之曰："司管榷者十年，宜富而贫，视古名臣无愧色；溥仁恩于三党，为善必报，知君后世有传人。"著有《三礼图考》、《两汉书质疑》、《国语补注》、《楚辞名物考》等书。

第九幅　赵学辙、张应昌

赵学辙，字季由，号蓉湖，阳湖人，嘉庆四年（1799）进士，官至浙江湖州府知府。他为官清廉，没有官架子，喜结交山野布衣，俨然一位清寒素士。他的书法学习米芾、颜真卿、董其昌，功力甚深，求其墨宝者，日不暇给。他也精于篆刻，自谓得沈凡民秘传。后来在湖州知府任内因处理一件狱案不当，被检讨革职。

张应昌，字仲甫，号寄庵，原籍归安改隶钱塘，嘉庆十五年（1810）举人。官至内阁中书，不久即因病辞官，年50岁后丧子，又无孙，家道中落，无所依靠，后来过继侄子为子。他的同里夏同善、朱学勤、许庚身等人将他所著的《春秋属辞辨例》奏呈皇帝，得到"耆年劬学，甚属可嘉"的褒奖。除此之外，他还著有《国朝诗铎》、《寿彝堂诗文集》、《烟波渔唱》、《南北史识小续录》等书。他享有高寿，汪曾唯于同治年间请钱塘耆老为《东轩吟社图》题词时，他是当年入社者仅存二人之一。

第十幅　汪适孙（左一）、汤贻汾（左二）、陈善（右二）、钱师曾（右一）（图164）

汪适孙，字亚虞，号又村，钱塘人，振绮堂的后人。兄弟6人继承振绮堂的藏书，而适孙尤有书癖，多方购求以增书库，但藏书后来在太平军战乱中被焚毁。适孙生平喜欢成人之美，尤其帮人

刊印出版著作，不遗余力。长洲陈奂用一生精力写成《诗毛氏故训传疏》，但无力刊布，适孙即集合同人之力帮他出刊；又如梁绍壬所著《两般秋雨盫诗选》及《两般秋雨盫随笔》两书也是由适孙帮忙校刊；当代文人受汪氏兄弟帮忙刊印著作者不在少数，这当然也是振绮堂发挥功能之所在。

汤贻汾，字若仪，号雨生，武进人，诗词书画皆工。他的祖父

汤大奎曾任台湾府凤山县令，后来祖父及父亲汤苟业皆"殉节台湾"，因此他因父祖之功荫袭云骑尉，担任守备一职，后来累官至浙江乐清县协副将，旋又称病辞官。在江宁筑精舍居住，焚香鼓琴，悠然有尘外之志，诸名士皆来追随，著有《画梅楼诗词集》、《琴隐园残稿》。咸丰初年太平军起事，汤贻汾上书建议加强守备之道，但不为督府接受。咸丰三年（1853）江宁沦陷，他留下绝命诗曰："死生轻一瞬，名义重千秋，骨肉非吾弃，儿孙好自谋。故乡魂可到，绝笔泪难收，薰葬毋予痛，平生积罪尤。"然后自投城北李氏园池而死，年76岁。皇帝知道其事迹后赐予厚葬，并赐谥"贞愍"，汤氏一门三代都为国牺牲，可谓光照千古。

陈善，字扶雅，号寿客，仁和人，嘉庆六年（1801）举人，任官嘉兴县教谕。精研经学，好作古文辞，曾从武进张编修惠言学习，张编修以自著《周易虞氏义》及《虞氏消息》授予陈善研读。张编修死后，经由陈善向阮元建议，这两部书才得以刊印。他辞官后接受孙文靖的聘请参与省志的编修，负责列传的分纂工作。著有《损斋文集》，另有《晋书校勘记》，但未完稿即已去世。

钱师曾，字唯传，号蕙窗，钱塘人，乾隆五十七年（1792）举人，身材魁梧，食量特大。能诗能文，作诗师法初盛唐，也偶学金元名家，独不屑重蹈宋人蹊径。中年之后一眼失明，即不再进取仕途，专事著作，著有《静存斋诗集》。酒酣耳热之时喜欢谈论古今、歌咏元人杂剧、或朗读诗文，常常读到佳处拍案叫绝，酒盏因而落地，铿然作声震惊邻座。

第十一幅 张廷济

张廷济，字叔未，嘉兴人，嘉庆三年（1798）省试举人第一名。与阮元交情甚笃，同样嗜好金石，两人时常尽出所藏，商周彝器罗列满室，用以鉴别积古斋钟鼎彝器款识，晚年两人还合写眉寿图，情谊之深可以想见。他收得汉朝官私铜印3000多枚，尝精选数百枚拓印为《清仪阁印谱》用来赠送同人。他也精于书法，能得米芾神韵。著有《清仪阁诗钞》、《眉寿堂集》等书，儿子庆荣也得道光二十六年（1846）省试举人第一名，父子同得省试榜首，传为佳话美谈。

第十二幅　汪秉健（左）、汪迈孙（右）（图165）

⑯

汪秉健，字实甫，号小逸，钱塘人。任官广东长宁知县，该地民情犷悍，治事者都以严刑峻法来治理，汪秉健则独以宽治县，顽冥渐化。他尤其笃念兄弟之情，其兄客死于蜀、弟客死于吴，他不远千里迎接孤寡来到广东，抚育兄弟子女成人，完成婚嫁，人皆称赞。年70岁想回归故里，却因太平军起事无法成行，待浙江为清军收复后，正打算回乡但尚未成行即因病遽逝。

汪迈孙，字我斯，号少洪，钱塘人，太学生，汪远孙之弟。性情闲逸，淡泊名利，诗酒琴棋，悠然自得。汪远孙死后，迈孙以其兄所著《国语》及3种《地理志校本》，嘱咐陈奂加以校勘印行，另外也刊印其师黄士珣的《北隅掌录》，主要在于完成其兄未竟之志，而他自己所著《道盥斋诗》2卷却失传。

第十三幅　释了义、吴衡照

释了义，字松光，嘉兴人，西湖净慈寺住持。净慈寺代有诗僧，最著名者为明中和尚，明中和尚之后，儒释兼备并能通晓诗书画三绝者唯有了义和尚。他出生后即不食荤食，母亲尝以鱼肉喂他，入口即吐，因此幼年即剃度出家。他除了研修佛法之外也以笔墨自娱，士大夫喜欢与他往来。年过70，趺坐而化，净慈寺后来也毁于兵火。

吴衡照，字夏治，号子律，仁和人，嘉庆十六年（1811）进士。任官金华府教授，中年后进任县令，但以不耐烦琐请改任校官，可见其闲静淡薄的个性。他善诗工词，著有《莲子居词话》及《辛卯生诗》传于世。

除了这27人出现在《东轩吟社图》中外，在黄士珣的《记》里还提到6个人，分别是孙同元、梁祖恩、张云璈、姚伊宪、周三燮及李堂，是当年吟社社友，在费丹旭画吟社图时均已谢世，未及入画。诸可宝的《小传》则仍为其记述生平。

孙同元，字雨人，仁和人，嘉庆十三年（1808）举人，任官永嘉县教谕。著有《今韵三辨》、《永嘉闻见录》、《学福轩笔记》等书。

梁祖恩，原名常，字眉子，号久竹，钱塘人，嘉庆三年（1798）举人，任官广东始兴县知县，卒于任上。

张云璈，字仲雅，号简松，晚号复丁老人，钱塘人，乾隆三十五年（1770）举人，任官湖南湘潭县知县。生活清贫，尝制"十无词"，自谓"无米、无钱、无书、无官、无知己、无佳山水、无花、无盛燕、故乡无屋、家书无好音"。著作等身，有《简松堂诗集》、《简松堂文集》、《蜡味小稿》、《归艎草》、《知还草》、《复丁老人草》、《金牛湖渔唱》、《三影阁筝语》、《选学胶言》、《选藻》、《四寸学》等书。

姚伊宪，字伊为，号古芬，仁和人，年幼即成孤儿，自力学习，以词赋闻名，同辈无人能及，但屡应省试不中，后来有机会任督学使者，却得病遽逝。

周三燮，字南卿，号芙生，钱塘人，贡生。性喜彝器及名人书画，不惜重金求购，所得过半均花费于此，因此贫困终身。

李堂，字允升，号西斋，仁和人，一介布衣，但精于诗词，为浙西数十年之文学巨擘。著有《梅边笛谱》、《篷窗翦烛集》、《冬荣草堂集》等书，病重时以遗稿托汪远孙刊布，汪氏亦不负所托。

汪氏振绮堂藏书楼，乾隆年间汪宪所创建。乾隆修《四库全书》时，汪宪的长子汪汝瑮进呈善本300余种，被《四库全书》著录的有151种，1894卷，存目122种。乾隆赏赐《佩文韵府》一部，并在发还的《曲洧旧闻》及《书苑菁华》二书上亲笔题诗，被视为无上荣誉。

振绮堂藏书经由汪汝瑮兄弟商议，因长兄汝瑮年老，三弟汪瑜迁居外地，遂由二弟汪璐递藏。汪汝瑮及汪璐都是振绮堂第二代传人，第三代传人汪誩是汪璐的儿子；第四代传人汪远孙是汪誩的儿子。四世藏书名闻于世，除藏书之外，许多古籍及时人著作都经由振绮堂的刻书事业得以流传后世。东轩吟社是振绮堂藏书刻书之外另一个人文荟萃之地，《清尊集》留下了入社76人的诗作珠矶，《东轩吟社图》留下了文人雅士欢聚亭台楼阁、吟诗作画抚琴清谈的闲情雅致。《东轩吟社画像》一书的刊行，更让后人借由观图读传，仿佛进入吟社之中与先人相互唱和，以我一个退休者的心情来看，这种风雅悠游的情境，简直令人欣羡得无以复加，让人顿发我生也晚之慨叹。

振绮堂的藏书，大约在咸丰年间毁于太平天国的起事战乱之中。四世珍藏毁于一旦，让人不胜欷歔。清人龚自珍有诗叹曰：

"振绮堂中万卷书，乾嘉九野有谁知，季方玉碎元方死，握手城东问蠹鱼。"洪昌燕在《东轩吟社画像》一书中的题诗曰：

吾杭文物雄乾嘉，堂崇小山斋瓶花，
琴台诗翰亦照耀，风雅藉甚追西厓。
东轩吟社稍后起，驿傍皇华指珂里，
藏书万轴富家传，坛坫峥嵘一时起。
主人谢官百事无，笺注暇日吟朋俱，
豪情北海徒尊酒，雅集西园更画图。
图中主宾二十七，美擅东南各无匹，
一星终后吟事阑，蓂草虽陈兰玉苗。
无端烽火逼宣城，大好湖山惨劫经，
缃缥摧残六丁泣，顾厨画恐亦通灵。
烬余一卷行滕剩，示我长安索题咏，
裙屐迟迟陪老宿游，丹青犹识风流盛。
西泠旧事忍重论，集检清尊画并珍，
故家乔木人增感，何况摩挲手泽人。

一诗道尽了振绮堂四世风华及家道没落的无限感慨。

《历代画像传》

光绪二十二年（1896），山东潍水人丁善长将其多年所画历代人物图像 123 幅付之刻版，辑为 4 卷《历代画像传》，是一部近代著名的人物画册。

丁善长（1856—1902），字心臣，号莲峰，是潍县大地主丁廷珍的儿子，兄弟三人依序为丁善宝、丁善庆与丁善长。善长与其二兄善庆（字寿臣）皆拜掖县张士保为师习画，善庆喜绘博古图，善长则山水、人物、花卉、翎毛、昆虫、鱼虾无一不精，人物一道更是超群出众（图 166）。

丁廷珍去世后，丁氏兄弟分产，善长分得农庄 20 处、房产 10 余处、土地近 5000 亩，财产仍然可观。由于家境优渥，所以他无意仕途；也因为家产丰厚，他格外谨慎，少与外界接触。他在自家园中筑楼数间，题署"望云楼"，并自题一对联曰："志在溪山容我净，心无名利笑人忙。"每日在此读书作画刻印，他的画作除了这部《历代画像传》外，还有《诸神朝天图》、《群仙祝寿图》、《东岳归舆图》、《圣迹图》，等等，都是绝工之笔。他的刻印不下数百方，印作汇整成册，名曰《石室印萃》。

自小生长在这样的家庭里，也养成丁善长自视甚高的公子个性。他不闻外事，不与地方官吏士绅接触；因为喜爱戏剧，家中还养有一个戏班。当时街头流行西洋景与傀儡戏，为一般士大夫所不喜，他却请人来家中制作，让戏班的人来演，供他个人欣赏取乐。

丁善长擅画人物，因为他对每一类人物的特性都有研究。渔樵山人为本书所写的序中说：

> 夫画人物之家所画者，不过文人学士美人之数，若画武将甲胄之士，则皆束手矣。而公独不然也，若逢甲胄恶面之士，而公为最得意之笔，往往画出懔懔有杀气焉，真得武将之体矣。夫画武将若不明武工，犹如欲入其门而不由户也。公自幼最慕关圣帝君之为人，凡春秋刀法枪简抓锤之类无一不晓，所以公画武将最得其神。

他又喜读经史，见有忠臣孝子烈女节妇故事，无不唧唧赞叹，并追画其貌。他画衣纹，则仿吴道子、陈老莲、仇十洲诸人；讲章法，则独开生面，风格独具，皆前人所未有。这些都表现在《历代画像传》里。

《历代画像传》4卷，共123幅图，神佛帝王、公卿将相、文武百官、烈女节妇、文人隐士、英雄好汉、市井小民，等等，无所不包。他请同乡王寿伟为每一幅画像撰写略传，为使后人读之，得知历代有此名人。渔樵山人说："此书一出，必传之于海内，而芥子园、晚笑堂不得专美于前矣。"（图167）

丁善长对每一个人物的构图甚为用心，此皆历史人物，形貌全凭臆测，但图画表现内容与其传颂事迹力求相互吻合，使观者一览即知。例如他画虞舜，系画一青年男子，脚穿草鞋，手荷锄头，身

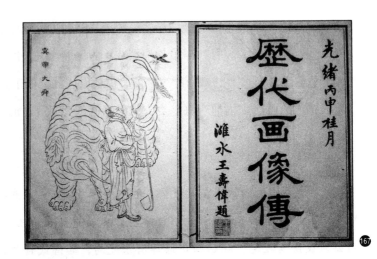

旁一头大象，头顶一只鸟雀，口衔一株禾苗，正飞递给该男子。相传大舜事亲至孝，母早亡，父再娶，生有一弟凶恶无状，与父母商议拟杀舜。舜知而避之，终不敢怨其父母。他耕作于历山，有象为之耕，有鸟为之耘，皆其孝心感动天地也。

颜回，字渊，孔子弟子。最为人津津乐道者，是他安贫乐道，居陋巷，一箪食一瓢饮，曲肱而寝，不改其志。丁善常画颜渊，不画他随孔子求学过程，而以箪食瓢饮入画，亦有正人心志之意也。

豫让，战国时智伯之臣。智伯为赵襄子所杀，豫让为报其仇，潜入赵襄子宫中，不慎被捕获，赵襄子感其义气赦免他。但他报仇之心无二志，有一日听闻赵襄子出门，乃预先埋伏桥下准备刺杀他，因马受惊又被发现擒获。赵襄子责备他并无改过之心，不再赦免他，豫让对赵襄子说："臣闻名主不掩人之义，今日之事臣固伏诛，然愿请君之衣而击之，虽死不恨。"赵襄子使人递上衣服让豫让拔剑三击，以遂心愿。丁善长画豫让拔匕首刺衣，刺客身手，面目狰狞，大有一报杀君深仇之气势。义气是什么东西？看此幅《豫让刺衣》，当可明白。

蜀汉昭烈帝刘备，一般见诸图画，多为刘关张桃园结义，或三顾茅庐寻访孔明。丁善长所画昭烈帝却大异其趣。东汉献帝末年，黄巾作乱，刘关张结为异姓兄弟，聚集乡中勇士应募破贼。献帝封刘备为左将军宜城亭侯，让他在相府左近安歇。他恐曹操谋害，乃留在后园种菜，亲自浇水除草，让曹操以为他不再留心春秋霸业，以作为韬光养晦之计。丁善常即以此一场景作画，画刘备正在园中小井汲水状，风格独具前所未有。（图 168）

靖节先生陶渊明，字符亮，浔阳柴桑人，东晋亡后，改名潜，自号五柳先生。陶不为五斗米折腰、辞官归田的故事深为后世折服，他还写了一篇《归去来辞》表露自己的心情："归去来兮，田园将芜胡不归？既自以心为形役，奚惆怅而独悲？悟已往之不谏，知来者之可追。实迷途其未远，觉今是而昨非。"陶渊明回归田野后，度过了 23 年的隐居生涯。除了农事劳动外，他吟诗作赋，抚琴赏花，过着"采菊东篱下，悠然见南山"的闲逸生活。丁善长画陶渊明，匠心独运，除手执菊花一株以寓其采菊东篱下之意，画其故作沈睡状，让背后童子推其前行，与乡里小儿嬉戏，充分显现闲情逸致的田园情趣。

王昭君的故事众人皆知，本名嫱，字昭君，长得端正娴丽，因未贿赂画工毛延寿，被故意丑化，未为汉元帝选中入后宫。后匈奴来朝，请赐美人为匈奴王妃，皇帝按图选中昭君赐予匈奴。临行辞别，皇帝才发现昭君貌美，已后悔莫及。因不能失信于外，于是昭君着戎服，提一琵琶，乘马出塞而去。丁善长画王昭君，只画背影，未见容貌，手提琵琶一张，漫步而去，颇有琵琶一曲不复还之凄楚。

丁善长除了画名人之外，在这部《历代画像传》里还有一些较不为人知的人物故事，甚或市井小民皆有图像流传。例如叔盻，他是鲁宣公同母弟，因见其兄杀弟自立，无法苟同，宣公派人召他入宫，不从；赠予财帛，不受。他对使者说所幸还不致受冻挨饿，不敢浪费公帑，如果有一天三餐不继，当会去乞讨维生。使者回复宣公，宣公说："吾弟素贫，不知何以维生。"派人夜间往视，看见叔盻正编织草鞋，以便第二天贩卖以换取温饱。宣公得知，叹曰此子欲学伯夷叔齐，吾当成其志焉。丁善长画叔盻肩负草鞋正往市集信步而去，虽未见容貌，亦感其怡然自得状。

孝女赵娥，酒泉人，父亲赵君成被同县人李寿所杀，兄弟三人俱病，父仇只有由她来报。她偷藏利刃，在都亭遇到仇人，刺杀之并砍下头颅，亲至县城衙门自首投案。她说父仇已报，愿意接受制裁。县官本欲解除其罪，赵娥说不敢枉法苟活，于是自己走入狱中受罚，后来遇赦，得免一死。丁善长画赵娥高举利刃与仇人头颅，跪于地。此当在衙门前，画虽带血腥，但一弱女子因孝心而变强大，也着实令人动容。

车中女子，无姓名。相传唐开元年间，吴郡一士人进京应试，巧遇一女子从车中出，年十七八，色甚佳，邀请士人入座品尝佳肴，并为之表演轻功把戏，状如飞鸟。士人甚感惊异，女子并与之骑骏马出游。第二天，传闻宫苑失窃，窃贼已逃逸，仅捉到一匹马，经查明系昨日士人所骑，遂将士人收押关入一深坑中。坑高七八丈，上留一孔，仅尺余宽，士人非常惊恐。深夜时抬头忽然看见有一物如鸟，飞下士人身旁，乃是车中女子。她以绢布绑住士人胸膛，并系在自己身上，纵身一跃，不但飞出深坑并飞出宫城数十里。她放下士人请他回家后，就忽然不见踪影。丁善长画车中女子背负士人，仍能轻步而行，真是女子不弱，巾帼胜须眉也。

石工安民，宋朝人。宋神宗起用王安石变法，造成新旧党争，新党支持新政，旧党反对，其中不乏有影响力人士，如韩琦、司马光、欧阳修、苏轼等人。党争持续 50 余年，无可化解，对北宋政治产生很大影响。元祐元年，司马光当政，尽废王安石新政。徽宗时起用蔡京当政，蔡京与宦官童贯勾结，下令相关衙门刻元祐党籍碑，将司马光等人列为奸党。命安民为该碑文刻字，安民拒绝说："愚不知其他，但称司马相公为奸党，民不忍也。"涕泣磕头以求免。丁善长为石工安民绘图立传，不以其乃名不见经传之市井小民而忽视，因其能明辨是非黑白，故也。（图 169）

丁善长画《历代画像传》，不但笔法利落，线条流畅，最重要的是其章法结构的取舍，必有经过深思熟虑。《历代画像传》不但发前人所未有，而且让观者睹图思人，一眼即至最深处，将该历史人物最精髓之事迹表露无遗，让后人凭生无限思慕之幽情。

第五章

和刻古籍

《游仙窟》

唐人小说是中国古典文学中的一朵奇葩，宋人洪迈曾说："唐人小说，不可不熟。小小情事，凄婉欲绝，洵有神遇而不知者，与诗律可称一代之奇。"《游仙窟》就是一部唐代的言情小说。这本书由张文成所撰，唐中期即已传入日本，但在中国历代却未见任何著录。直至光绪年间，杨守敬随同何如璋出使日本，公务之余广搜古籍，撰《日本访书志》一书，其中列有《游仙窟》一卷，才将这一部流落在外的唐代小说，重新传回中国。

张文成（658-730），名鷟，以字行，自号浮休子，唐朝深州陆泽人，幼时聪明绝伦，书无不读。《旧唐书》说他"初登进士第，对策尤工。凡应八举，皆登甲科，凡四参选，判策为铨府之最。然性褊躁，不持士行，尤为端士所恶。鷟下笔敏速，著述尤多，言颇诙谐。是时天下知名，无贤不肖，皆记诵其文"。《新唐书》的记载与《旧唐书》大致雷同，并说"鷟属文下笔辄成，浮艳少理政，其论著率诋诮芜猥，然大行一时，晚进莫不传记"。

从新旧唐书的记载可知张文成的文学才华在当时已甚知名，声名甚至传到国外。当时的突厥可汗默啜就曾经问过太官令马仙童有关张文成的近况，当他得知张文成被贬官时曾说："国有此人而不用，汉无能为也。"新罗、日本诸国遣使入唐朝贡时，也必定出重金购买张文成的著作回国，可见当时新罗、日本对张文成的文名早有耳闻，而且极为崇拜。这部《游仙窟》应该就是那个时候传入日本的。

日人山田孝雄所撰《游仙窟解题》一文中说："在大宝时充当遣唐使少录（官职名）的山上忆良，在他的沈疴自哀文里说 游仙窟曰九泉下人，一钱不直 ，据此看来，或者是山上忆良一行人带回来的也未可知。"大宝"是日本飞鸟时代文武天皇的年号，约在701 704 年，相当中国武则天时代。山上忆良随第 8 次遣唐使粟田真人来华，在中国生活两年，也认真研究中国文化，其时张文成仍然在世。

《游仙窟》这部小说，是张文成以自叙的形式描写自己在赴任途中的一段艳遇。这段艳遇发生在积石山，小说一开头即说：

> 若夫积石山者，在乎金城西南，河所经也 …仆从汧陇，奉使河源 …行至一所，险峻非常，向上则有青壁万寻，直下则有碧潭千仞，古老相传云：此是神仙窟也，人迹罕及，鸟路缠通。

积石山是中国西陲与吐蕃接界的一座荒山，人迹罕至，传说必多。张文成称此处为神仙窟，将其艳遇称为游仙窟。其实这可能是一种寓言的方式，唐朝人惯称妓女为仙，神仙窟者即妓院也。所以叶庆炳教授在所撰《游仙窟》一文中说："可能作者根本无河源之行，唯借异地背景以安插其自身狎游经验，且故神其说，以避免社会之攻击。《旧唐书》说他"不持士行，尤为端士所恶 ，或许就是与张文成喜爱狎游，并将其经验撰成这部《游仙窟》有关。

这种自叙形式的小说，可能就是首创于张文成。他以大约 1 万字左右的文章描写从黄昏日落巧遇崔十娘与五嫂、他与十娘的一夜缠绵、到第二天清晨的含泪分手，中间这十余个钟头所发生的故事

古书犀烛记
228

情节。其间谈景抒情，细节刻画极其精致，对于场面的描绘，辞采绚丽，对于情景的抒写，凄婉生动。他擅用对偶体的形式写作，显示了他的写作才华。

例如张文成写崔十娘，说她：

> 华容婉娜，天上无俦，玉体逶迤，人间少匹。辉辉面子，荏苒畏弹穿；细细腰支，参差疑勒断。韩娥宋玉，见则愁生；绛树青琴，对之羞死。

又例如描述十娘的居室，写道：

> 于时金台银阙，蔽日干云，或似铜雀之新开，乍如灵光之且敞；梅梁桂栋，疑饮涧之长虹，反宇雕甍，若排天之娇凤。水精浮柱，的皪含星，云母饰窗，玲珑映日。长廊四注，争施玳瑁之椽，高阁三重，悉用琉璃之瓦。白银为壁，照曜于鱼鳞，碧玉缘墀，参差于鴈齿。

他同时在文章中掺杂许多五七言诗。洪迈说唐人小说与诗律并称一代之奇，张文成融合二奇，让这部小说更具优雅可读。例如他与十娘以五言诗对话，借琵琶一物表述内心的渴望，他说："心虚不可测，眼细强关情；回身已入抱，不见有娇声。"十娘应声曰："怜肠忽欲断，忆眼已先开；渠未相撩拨，娇声何处来？"又例如五嫂咏筝曰："天生素面能留客，发意关情并在渠；莫怪向者频声战，良由得伴乍心虚。"十娘咏尺八曰："眼多本自令渠爱，口少元来每被侵；无事风声彻他耳，交人气满自填心。"这种以物寓情的双关语，除了表现张文成的才华之外，也让全书充满调情意味。所以后人认为它是一部言情小说，亦不为过。

日人盐谷温甚至称《游仙窟》为日本第一淫书，除了故事情节环绕在男女绮情之外，张文成对两情相悦缠绵悱恻的描绘，恐怕即是原因所在。他描绘与十娘缠绵情境时写道：

> 于时夜久更深，情急意密，鱼灯四面罩，蜡烛两边明，十娘则唤桂心，并呼芍药，与少府脱靴履，迷袍衣，阁幞头，挂腰带。然后自与十娘施绫帔，解罗裙，脱红衫，去绿袜。花容满目，香风裂鼻，心去无人制，情来不自禁。插手红裈，交脚翠被，两唇对口，一臂支头。拍搦奶房间，摩挲髀子上。一吃一意快，一勒一心伤。鼻里酸痹，心里结缭。少时眼华耳热，脉胀筋舒。始知难逢难见，可贵可重。俄顷中间，数回相接。

这么露骨的描述，不下于白行简的《天地阴阳交欢大乐赋》。

张文成的才华不仅于描写两情欢愉的场面，他写第二日离别的依依之情，也一样凄楚动人，他写道：

> 下官拭泪而言曰："犬马何识，尚解伤离；鸟兽无情，由知怨别；心非木石，岂忘深恩。"十娘报诗曰："他道愁胜死，儿言死胜愁；愁来百处痛，死去一时休。"又咏曰："他道愁胜死，儿言死胜愁；日夜悬心忆，知隔几年秋。"下官咏曰："人去悠悠隔两天，未审迢迢度几年；纵使身游万里外，终归意在十娘边。"十娘咏曰："天崖地角知何处，玉体红颜难再遇；但令翅羽为人生，会些高飞共君去。"下官不忍相看，忽把十娘

手子而别，行至二三里，回头看数人，犹在旧处立，余时渐渐
去远，声沉影灭，顾瞻不见，恻怆而去。（图170）

读来令人心有戚戚焉。

张文成的《游仙窟》传入日本后，在日本流传甚广，有抄本也
有刻本。上海师范大学李时人教授收集研究约有下列几种：

抄本方面，现存最早的是日本北朝光明天皇康永三年（1344）
的抄本，因收藏于京都醍醐寺三宝院，世称"醍醐寺抄本"。这是
以滚动条方式装帧，纸宽9寸7分、全长5丈4尺8寸4分，卷尾
写有"康永三年十月十六日摸之讫，法印权大僧都宗算"字样。

第2个古抄本是名古屋真福寺宝生院所藏的"真福寺抄本"，长
6寸8分，宽5寸1分，卷尾有2行识语："文和二年九月二十四日
于加州能美郡板津庄今添中嶋大日寺学所书写毕"。因知其抄于北
朝后光严天皇文和二年（1353），比"醍醐寺抄本"晚了9年。

另外还有金刚寺旧藏残卷、实践女子大学山岸文库残卷、庆应义塾大学甲乙丙丁本、成簣堂文库甲乙本、岛原公民馆神宫文库本、松平文库本及阳明文库本等。其中有些抄本是刊本刊行后，抄自刊本的。

刊本方面，光明天皇庆安五年（1652）刊本最为有名，序后有牌记曰"庆安五年壬辰岁孟春吉旦中野太良左卫门开板"，称为"庆安五年刊本"。另有一种是"江户初期无刊记刊本"，版式与"庆安五年刊本"完全一样，是同一版本，只是少了牌记，一般认为它较"庆安五年刊本"更早印行。李时人教授也持同样看法，不过他也说这类问题实际很难说准确，如果有材料证明实际情况完全相反，也不会令人吃惊。只是前印者无牌记，而后印者却有牌记，这何者前印？何者后印？也是很难说清楚的。此书版框长20.5厘米，宽15.9厘米，半页8行，行15字。这2种版本在正文中都有大量的双行夹注，而且卷末也都有文保三年（1319）文章生英房的序。

刊本中流行较广的是东山天皇元禄三年（1690）的《游仙窟钞》（图171），首刊"元禄三年春三月东海散人书于修修亭"的

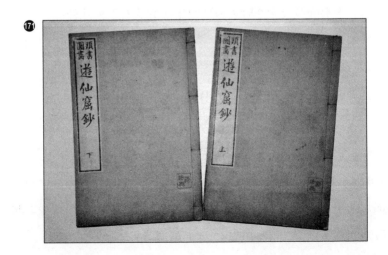

序；次刊"元禄三庚午年初上弦一指无□□眼书"序；再刊"文保
三年四月十四日授申圆禅庵序毕，文章生英房"序。全书将原来 1
卷本分为 5 卷，并附有 18 幅刻图，图版单页或双页刊印，插图的
绘刻也极精致。例如绘张文成与十娘一夜缠绵，未见男女主角，只
在门前台阶下画男鞋、女鞋各一双，房间四周则空旷宁静，寂然一
片，真是只可意会，不能言传（图 172）。

卷后刊有书肆及刊行者名"松山堂书铺，藤井利八藏"（图
173），这部元禄刊本，我收藏一部，上下 2 册。

中国一向崇尚礼教，对于情色淫秽之事，避之唯恐不及。古来
谈论性学房中之书，仅秘传于文人之口、之文，如将其公诸于世，
必定招来挞伐异论，例如叶德辉刊印《双梅景暗丛书》，就备受争
议。这部《游仙窟》回传中国后，虽不乏传抄之本，引起许多人的
研究，但也都格外留意，避免被人认为是在传播情色。文基（郑振

铎）于 1928 年 12 月撰写《关于游仙窟》一文的最后，写了一段话说："我现在写了此文介绍她，也只为了研究者及对中国小说特别感到兴趣的人，我并不希望一般人去读她。"

时至今日，教育的方向，去文言就白话，除了中文系所的学生仍读古文之外，一般人对于文言文，已难入其门径，更别说窥其堂奥了。文基不希望一般人去读《游仙窟》，其实一般人要读通它恐怕也很困难了。

《秘戏图考》

荷兰外交官高罗佩（Robert Hans van Gulik，1910—1967），除了外交官本业之外，同时也是一位汉学家及作家。他曾经评价自己一身三任：外交官是他的职业，汉学是他的终身志业，而写小说是他的业余爱好。

他的外交官生涯非常丰富，当然这也奠基于他的语文天赋，他通晓 15 种文字，包含荷兰文、英文、拉丁文、法文、德文、意大利文、西班牙文、希腊文、中文、日文、印度尼西亚文、梵文、马来文、阿拉伯文、藏文，另外他也学过俄文。他一生中曾经 3 次被派驻日本，第 3 次是以荷兰驻日大使的身份赴日。而他被派驻中国重庆期间，认识了他的夫人水世芳女士，进而结成连理。另外东非、美国、印度、中东、马来西亚等地都有他的外交足迹。

高罗佩非常热衷东方文化，尤其是中国文化。他自己说过，最感兴趣的是唐、宋、明朝时期的中国艺术和文学。中国的琴棋书画，他样样精通，还能读中国古文、作古体诗词。陈之迈在《荷兰高罗佩》一文中说："高罗佩在这方面是一个守旧的，他学习中文，不但只作文言文，不作白话文，而且连新式标点都不肯常用。"他对古琴的造诣很深，除了在重庆纠合同道合组"天风琴社"外，还著有《琴道》一书，被认为是琴学研究的权威之作。由于他对中国古诗文中的猿猴的好奇，他专门养了一只长臂猿。通过对猿的近身观察与大量文献的收集，他生平最后一本著作《中国长臂猿考》，

于 1967 年在日本东京付印。但在印刷过程中，高罗佩就因癌症在海牙逝世了。在第 2 次派驻日本期间，他广搜中国古代性学文献及春宫版画，撰有《秘戏图考》一书，共 1 函 3 册，包括《秘戏图考》、《秘书十种》及《花营锦阵》（图 174）。

其后他又以《秘戏图考》里面的中国古代情色文学为基础加以补充和拓展，对自西周至明末各个时期的两性文化作有系统的叙述，撰著《中国古代房内考》一书。这个主题在当时的中国并没有人作过研究，反而是由高罗佩这样一个外国人广搜数据深入探究，将它作了系统论述，确实值得喝彩。高罗佩的这两本中国古代情色文学著作，是互为补充的。《秘戏图考》偏重于套色版画与中国情色艺术的发展，《中国古代房内考》则是以一种视野开阔的历史透视法，力求论述更接近一般社会学的研究面向。

1940 年高罗佩第一次派驻日本时，偶获一本中国的公案小说，他深为着迷并且将它翻译成英文出版，深获西方读者好评。由此，他兴起了尝试写小说的念头。高罗佩从中国古代公案小说中借用一些故事情节，以唐代官吏狄仁杰作为故事主人翁，进行一系列的中国风格的侦探小说创作。当他以英文写完《迷宫案》后，日本鱼返善雄教授将它翻译成日文，于 1951 年在东京出版，取名为《中国迷宫杀人事件》。后来他自己将这本书翻译成中文，1953 年由新加坡南洋出版社出版，书名叫做《狄仁杰奇案》。他总共为这一系列的中国侦探小说写了 23 个故事，至今已被翻译成 10 余种文字，中文译名叫做《大唐狄公案》。

因为《中国迷宫杀人事件》的出版，才奇妙地促成高罗佩往后研究中国古代情色文学，以及撰著《秘戏图考》及《中国古代房内考》两本大作。

《中国迷宫杀人事件》出版之时的日本，裸体崇拜正在兴起。出版商坚持要做裸女图案的封面，当时高罗佩认为古代的中国没有裸体艺术图画而没有答应。但是出版商要他去找一找，于是他写了几十封信向中日古书店与古董商询问，结果有一家上海书商回信说他认识一位收藏家，藏有几本明朝春宫画册；另外一位京都的古董商说店里有春宫图的原始版片。这个发现不但让书的封面有了着落，也促使高罗佩开始搜集研究中国情色艺术和中国人的性生活。而京都古董商的那批版片就是《花营锦阵》的刻版，共有12块双面雕刻的木刻版片，每面刻有一幅春宫图画并搭配一首诗词。高罗佩于1950年将它买下。

高罗佩买到《花营锦阵》版片之后，曾经拿来与涩井氏所收藏的《花营锦阵》套色本相比较。第1块印版正面的叙已严重蠹坏，书名页及第1图也缺，第4幅图画及题词已非原版，高罗佩认为套色版印行后不久，这第4幅图版就已经遗失了，现在这幅是借自《风流绝畅》的图画和配词《翰林风》（图175）。

另外，第 14 幅图及第 15 幅图的题词被互相调换位置。高罗佩将缺页部分照彩色版摹绘，重新刻了 2 块新版，这部图册于是完整，他印出后编入《秘戏图考》里面的第 3 卷。这批《花营锦阵》版片虽然刻的都是春宫图画，但是绘图及雕刻都非常精致，对于整体环境构图极为用心。除了人物姿态之外，桌椅、屏风、铺垫、假山、花草、禽鸟，等等。笔笔精到，丝丝不苟，不视其为春宫图，当做一幅绘刻精巧的版画亦无不可（图 176）。

《秘戏图考》共 3 卷，第 1 卷《秘戏图考》是英文卷，第 2 卷《秘书十种》是中文卷，第 3 卷《花营锦阵》则是图版（图 177）。英文及中文部分都由高罗佩亲手写刻在蜡纸上印制，插图则全由木刻版印制，因此尺寸大小与原版完全一致，以存其真。第 1 卷《秘戏图考》分上、中、下篇，上篇为性文献的历史概览，叙述从汉朝至明朝的性学文献；中篇为春宫画简史，叙述胜蓬莱、风流绝畅、花营锦阵、风月机关、鸳鸯秘谱、青楼剟景、繁华丽锦及江南销夏等 8 种春宫画册画卷的版刻特征；下篇为花营锦阵注释，由高罗佩逐一针对每一幅图画及题词加以解说释义。第 2 卷《秘书十种》，

高罗佩收录与性相关且较少见的中国古代文献，包括《洞玄子》、《房内记》、《房中补益》、《天地阴阳交欢大乐赋》、《某氏家训》、《纯阳演正孚佑帝君既济真经》、《紫金光耀大仙修真演义》、《素女妙论》、《风流绝畅图》及《花营锦阵》等 10 种秘书内容，以兹流传后世。第 3 卷《花营锦阵图》，高罗佩将他所买到的图版刷印作为这部书的最后一部分，也让《花营锦阵图》因此备受世人注目。

《秘戏图考》里面有许多春宫图画，高罗佩认为这是为了研究的需要，不是供给追求物欲刺激及带有色情眼光的人看的，所以他只允许极少数图书馆得到这部书，并且要求图书馆只能让为了严肃的研究目的的专家学者阅览，以免有人误解他是在散布淫秽情色。因此，50 部《秘戏图考》印制完成后，那一批《花营锦阵》的版片，就被他毁掉了。他的原意或许是要避免这类图画过于流传泛滥，影响人心，但明朝的雕版留存至今，何其珍贵，未能妥善保存，还加以销毁，真是令人遗憾至极。也有人怀疑他这么做，只是为了想使这部《秘戏图考》变得更加稀有而已。

高罗佩于 1951 年孟夏在《秘戏图考》中文自序里说："盖本书自不必周行于世，故限于五十部，不付市售，仅分送各国国立图书馆，用备专门学者之参稽，非以供闲人之消遣。海内识者，如有补其阙遗并续之以明末以后之作，固所企盼，而外国学者得据此书以矫正西人之误会，则尤幸矣。"

高罗佩编印《秘戏图考》还有一个目的，就是据以矫正西方人对中国两性关系的误解。在明朝以前，中国的性学文献及春宫版画并没有被严格禁止，尤其明朝文人之间享乐颓废风气日盛，因此促成许多精彩的情色文学及春宫版画作品的出现。但是到了清朝，除了大兴文字狱外，对于这种有害教化风俗的书籍图画，莫不严格查禁立地销毁。当时有很多图籍因此流传到了日本，高罗佩购买的那批《花营锦阵》刻版，大概也是此时流入日本的。18世纪—19世纪，西方人来中国考察风俗时，已很难看到这类性学文献作品，一般人对于房事又讳莫如深，因此让西方人误以为中国人房中之事必淫污不堪，不可告人。其实从古人房中术书籍文献中可以看出，西人的误解甚深。高罗佩说："可知古代房术书籍，不啻不涉放荡，抑亦符合卫生，且无暴虐之狂、诡异之行。故中国房术之私，初无用隐匿，而可谓中华文化之荣誉也。"

高罗佩在英文自序里说，这部书只印刷发行50部，而且为了避免它们落入未经认可者之手，这50部书，除了一部送给个人外，其余赠送给各个国家的图书馆和博物馆。根据1988年李零翻译高罗佩的另一部著作《中国古代房内考》所附录的收藏简表显示，远东除外的欧美国家图书馆、美术馆、博物馆及研究机构共收藏37部。高罗佩破例送给个人的那一部，就是送给热心修改《秘戏图考》卷1的英语文体的Mr. Kazl H.Bachmeyer，其余12部的下落则未见记载。

大陆并没有任何图书馆收藏此书，杨权翻译《秘戏图考》一书时，在序里说："据悉中国没有此书，而外国的收藏单位也多视之为善本，深藏密扃于书库中。"所以他是通过香港友人黎思人女士的协助，从外国图书馆影印回来加以翻译的。另外，李零翻译高罗佩的《中国古代房内考》时，也是请当时在哥伦比亚大学当访问学者的高王凌先生从哥伦比亚大学图书馆里影印《秘戏图考》，作为参考。

台北"国家图书馆"、台湾大学图书馆及台湾"清华大学"图书馆的藏书目录中都有登录这部1951年出版的《秘戏图考》。但经实地查阅，"国家图书馆"的那本《秘戏图考》，是将3册缩印成1册的平装本书，与原版线装3册1函相差甚远。台大图书馆所收藏的虽然是线装3册，但却是影印本。据台大图书馆藏书目录登录本书是由国际汉学研究中心代售，售价新台币1280元。书中夹有一张小字卡，上面印着："敬请合作，本书仅供学术研究参考用，请勿对外转售。"台大图书馆于1987年6月入藏。台湾"清华大学"所藏，因地区太远无法亲自查阅，但查其藏书目录登载，也是影印本，所以台湾恐怕也没有任何图书馆收藏原版的《秘戏图考》了。

高罗佩的挚友、外交官陈之迈在所撰《荷兰高罗佩》一文中说："他经过一段时间的苦功，终于编成了一部大书，总称《秘戏图考》，3巨册合成一函，线装，锦面牙签，装潢极为精美，古色古香。这也是秽书，不在坊间流行，发行限于50部，仅分赠各国国立图书馆及特殊的友人。"陈先生有没有获赠一部？他文章里并没有说明。

台湾民间曾经影印过这部《秘戏图考》，而且不只一次，有的与原版式完全一致，线装3册者，也有改成包背装3册者。因为这样的情色图籍不被允许公开上市，所以只能低调流通。既然各图书馆都没有收藏原版，当时影印的母本从何而来？台北百城堂书店主人林汉章君说他早年看报纸广告订购时，依稀记得广告上说是借自陈先生家。此说如果属实，那么陈之迈也曾获得高罗佩的馈赠。然而我多次到"国图"查阅七八十年代"《中央日报》"的新书广告，却无所获。确切的影印情形已无法得知，时过境迁，已很难找到蛛丝马迹。

我收藏一部影印的《秘戏图考》，1函线装3册，品相甚佳。也收藏一本《花营锦阵》图册，不是《秘戏图考》的第3卷，是线装单行本，印在薄如蝉翼的日本皮纸上，24 幅版画及题词全部都有，但缺书名页及叙，也无其他任何印制出版的注记。经与《秘戏图考》中的《花营锦阵》图相对照，其线条断裂处完全一致，但版框尺寸却较小。原尺寸为 14.8cm×14.1cm，我藏书的尺寸为 9.8cm×9.5cm，而且其中第 20 幅《巫山一段云》里人物的面向左右相反。

所以这本书不是依据原版缩小影印本。如果是影印，则人物面向不会左右相反，而且也不可能印在薄如蝉翼的纸上。据猜测，有可能是利用照相制版技术，例如制作投影片一样，先印在透明胶片上，不小心将《巫山一段云》的反面当做正面，所以印出来之后，人物面向就左右相反了。这本缩小版未见过第二本，而且小巧玲珑，收为密藏，实在非常适宜。

图本丛刊

日本东京图本丛刊会在大村西崖的指导编辑下，从 1923 年至 1926 年，共印制发行中国版画古籍 11 种 42 册。这些图本丛刊均注明"非卖品"，应该是东京图本丛刊会内部发行提供会员收藏的刊物，能完整保存至今实属难得。

这 11 种图本丛刊的内容、册数及发行时间如下：

《萝轩变古笺谱》	1 册	大正十二年（1923）一月
《热河三十六景诗图》	1 册	大正十二年（1923）二月
《程氏墨苑》	2 册	大正十二年（1923）四月－六月
《芥子园画传》	3 册	大正十二年（1923）四月－大正十四（1925）年八月
《列仙酒牌》	1 册	大正十二年（1923）六月
《列女传》	16 册	大正十二年（1923）八月－大正十五年（1926）七月
《素园石谱》	4 册	大正十二年（1923）十二月－大正十三年（1924）三月
《刘向列女传》	4 册	大正十三年（1924）六月－九月

《集雅斋画谱》	4 册	大正十三年（1924）六月—大正十四年（1925）五月
《萧尺木离骚图》	2 册	大正十四年（1925）十二月—大正十五年（1926）一月
《顾氏历代名人画谱》	4 册	大正十五年（1926）二月—九月

这 11 种图本丛刊都是中国明清时期赫赫有名的版画古籍，通过大村西崖的介绍，引进日本重新刊印，对中国传统版刻艺术的推广实有莫大帮助（图 178）。

大村西崖（1868—1927），本名塩泽峰吉，别号归堂学人、无记庵。1868 年出生于日本静冈县富士市，1889 年至 1893 年就读于东京美术学校研习雕塑，毕业后在母校任教，1900 年起担任东洋美术史的教职。1921 年 10 月第一次访问中国，至 1926 年前后共访问中国 5 次，他对中国美术史研究甚深，著有《中国美术史》一书。大

村于 1927 年去世。

这一批图本丛刊刻印期间，大村西崖多次往返中国，应与书籍的刊印有关。因为从刊本版权页来看，其中《列女传》、《刘向列女传》、《素园石谱》及《列仙酒牌》等 4 种共 25 册，是由上海美术工艺制版社负责刊印，其余则在东京刊印；在上海刊印部分并无明列刻印艺师姓名，在东京刊印部分，刻工有伊藤忠次郎、前田雄次郎、前田贤太郎等 3 人，印工有本桥贞次郎一人。

在这一批图本丛刊中，大村西崖在《萝轩变古笺谱》、《热河三十六景诗图》及《素园石谱》3 种书籍后面均有题跋。其中《萝轩变古笺谱》因只得下册，无当年出版序言资料可查，经他自己考证认为是康熙年间翁嵩年所作。题跋一开始即说："翁嵩年，字康贻，号萝轩，钱塘人，康熙戊辰进士。"也由于他的这篇题跋，让郑振铎也误认为《萝轩变古笺谱》是翁嵩年所作，直到上海博物馆征集到全书后，才知道是明朝天启年间江宁人吴发祥所作，得以返还历史真相，也为藏书界留下一段趣闻（图 179）。

大村西崖重刊这批图本丛刊所依据的母本从何而来，他并未说明，但有些是从好友处借来的。在重刊本《列仙酒牌》一书之后，有唐熊的一段题跋，他说：

> 东海西崖老人博通汉学，著作等身，吾国美术尤提携不遗余力……择其画刻并清者精印成书，汇为丛刊，俾广流传，诚盛举也，因出赠旧藏咸丰间蔡容庄名刻列仙酒牌原版，请附骥尾焉。（图 180）

唐熊不仅提供列仙酒牌原版供大村西崖依据重刻，并且也为图本丛刊中的《烈女传》、《刘向烈女传》及《素园石谱》等 3 本书题写书签，可见两人交情不同一般。唐熊（1892—? ），字吉生，新安人。由于家学渊源，唐熊书画均佳，书法苍古，画宗八大，是海上画派知名书画家。

另外，《萧尺木离骚图》（图 181）是向君山泷川资言借来的，书后有泷川资言的跋语。他说：

> 离骚图原本刊于顺治乙酉而流传綦少，归堂大村君博古能画，闻予家藏一本，请影刻以弘其传，予嘉诺焉。尺木名云从，号无闷道人，芜湖人，崇祯丙子壬午两科副榜，明亡不仕，以文墨自娱。

最后题"大正十三年甲子立春君山泷川资言识于仙台静观书屋"。

吴昌硕在癸亥年（1923）3 月为图本丛刊题写丛刊名，自《列仙酒牌》以后重刊之书都以吴昌硕所写丛刊名附于卷首；《列仙酒

牌》以前重刊本则附正木直彦所写书名。

这11种版画古籍，并非每一种均全卷重刊，其中《萝轩变古笺谱》仅重刊下册；《芥子园画传》仅重刊初集4卷及2集《梅谱》；《程氏墨苑》仅重刊第1卷《玄工上》及第2卷《玄工下》；其余8种则是全卷重刊，其中《萧尺木离骚图》原书分3册，《离骚经第一》及《九歌传第二》为第1册，《天问传第三含五十四图》为第2册，《九章传第四》至《大招传第十》为第3册；重刊本将1、3册合为1册，《天问传第三含五十四图》仍为一册，共2册。知不足斋本《烈女传》16卷，全卷重刊共16册，也算一部大书了。

这批图本丛刊刻印甚为精致，因是非卖品，所以并无多次印刷，所见之书均为初印本，无论文字笔画或图案线条，笔笔精细一丝不苟。《萝轩变古笺谱》除依原书彩色印刷外，其中"龙种"部分也是依原样采拱花技法印制，线条细如发丝，可见刻工印工技艺纯熟，均在水平之上。彩色印刷部分，除《萝轩变古笺谱》外，《芥子园画传》2集中之《梅谱》也是彩色印制，色彩古雅不俗，入眼甚得精神。

附　录

回忆台北古书店

"古"与"旧"，虽有某程度的相同意义，但"古书"与"旧书"，在我心目中完全是两回事。

同样是书，古书却有更深一层的意义。我认为民初以前，无论是木刻版或活字版，甚至石印版及珂罗版，以手工纸印刷，线装或蝴蝶装或包背装等古式装帧制成的书，都可以称为"古书"了。

古书除了传播知识的主要功能外，从一本书制作过程中的绘图、书写、镌刻、刷印、装帧等各方面，都可以深刻感受到老祖先的创造力、艺术思想及工巧技艺。每当捧着一本古书在手中，那种冉冉而起的思古幽情，真非笔墨所能形容。

古老的书肆是个什么样子，从前人的著作、文献、掌故中，可以大略看得出来。

瞿蜕园《丈北游录话》里有这样的描述：

> 书肆门面虽然不宽，而内则曲折纵横，几层书架及三五间明窗净几之屋到处皆是，柴几湘帘、炉香茗碗，倦时可在暖炕床上小憩，吸烟谈心，恣无拘束，书店伙计和颜悦色，奉承恐后，绝无慢客举动，买书固所欢迎，不买亦可，给现钱亦可，记账亦可。

此情此景，读之如置身其中，不忍离去。

翁方纲《复初斋诗集》记乾隆开四库馆时，对馆臣与书店的关系有如下的叙述："每日清晨，诸臣入院，设大厨，供茶饭，午后归寓，各以所校阅某书应考某典，详列书目，至琉璃厂肆访之。"可见古书店也具有公共图书馆之功能。

当时书肆师徒相传，对古书版本目录有深刻研究，缪荃孙在《琉璃厂书肆后记》中记载："正文斋谭氏（笃生），庚子乱后最有名，藏不全宋本数十种，种留一轶不售，云将留之以教生徒，有心哉。"

在这样的传授钻研之下，书店学徒人人练就一身版本鉴别功夫，见某书即知某朝某地所刻。真所谓宋椠元椠见而即识，蜀版闽版到眼不欺，一般读书人亦不能及。

古书，想当然在数量上不会存留太多。古老的中国，人口没有现在多，读书人也少。刻书印书的手工技术与现在的机器作业无法相比，以前的信息交通较不发达，书籍的销售受到限制，产量必然无多。

再加上历代天灾人祸的各种破坏，以及各国图书馆的购藏，在市面上能看到的古书的确少之又少。在物以稀为贵的定律下，古书的价格就不是旧书所能望其项背的。

数量少、价格高、流通不易，从事古书买卖的书店越来越少，乃是必然趋势。

在台湾从事古书买卖的商家大多在台北，而台北的古书店却很少，少得一只手伸出来五根手指头就够数了；这少数的几家古书店又大部分集中在当时旧书摊林立的光华商场附近的新光华商场地下楼。

走下新光华商场楼梯右转，通道左右两侧各有一家，左侧是百城堂书店，我几乎每星期去一次，早些年星期六还要上半天班的时候，中午下了班就往这里走。我在这里买过一些书，包括万历版《泊如斋重修宣和博古图录》、《欣赏编》、《欣赏续编》、《文心雕龙》五色套印本、《广舆记》、《性命双修万神圭旨残本》、汲古阁刊本《审斋词》、道光年间卢坤六色套印刻本《杜工部集》、同治版《淡水厅志》，等等。

百城堂主人林汉章君说，"大丈夫拥书万卷，何假南面百城"，正是百城堂店名的由来。这是他做生意的地方，而他在观音山下的家，取名"梵天阁"，是住家、研究室、也是收藏古董、古书的地方。

林君粗犷的外表下却是经纶满腹，尤其在台湾史、民俗学以及古书版本、钱币方面，收藏丰富，研究颇深。我每次到百城堂，他总会拿出上好茶叶泡杯好茶请客，绕着古书话题天南地北地聊，常常聊到不知天之将晚，获益甚多。

百城堂书店开设于 1986 年 12 月 15 日。我从 1993 年认识他以来，常常在百城堂看到新买进来的古书，一堆堆的摆放在地上。他常常也会从架子上、柜子里拿出一叠书出来说："好东西。"他知道我喜欢的是哪一类古书，而拿出来的的确是好东西，这些我通常都照单全收。

回想起在古书堆中，一函函地解套、一册册地翻阅，急于寻找好书的那种情境，仿佛置身于民国初年的琉璃厂，有如郑振铎等人与书肆主人论交谈书的情形，只是时空转换人物不同罢了。

百城堂书店于 2006 年初搬离新光华商场，迁至离原址不远的八德路一段八十二巷内的一处二楼，店面宽敞许多，线装古书却日渐稀少。

百城堂对门是另一家古书店"妙章书局"，主人蔡建涂君。其本店设于南昌街上，此地是分店，由其子女负责照顾。经营主要以日据时代中日文旧书为主，也有一些中国木刻版及石印版书，不过数量不多。我在这家店只买过嘉庆版《关圣帝君圣迹图志全集》、日文版文禄三年《游仙窟钞》及光绪版《归元镜》等3部书而已。

新光华商场地下楼的妙章书局分店于1999年中结束营业，搬回南昌街本店，而蔡老板也于几年前逝世了。

走下楼梯左转，还有一家古书店"琉璃厂"，主人吴仁和君。书店里新旧杂陈，线装古书不多，我在这里只买过一些新书，还未曾买过古书。我还记得曾在这里看过一部照旷阁《纪效新书》，虽然有图，但是品相不佳，书页残破，有一点心动但仍然没买，不久即为他人买去。

琉璃厂书店也在1999年11月从新光华商场搬到三普古董商场里面，我就很少去了。

在光华商场旧书摊里，有一家"古文堂"书店，主要以简体字新书为主，新印古籍及石印版书也有一些，木刻版书很少。我在这里买了不少与古籍版本有关的简体字新书，作为参考资料，也曾买过荣宝斋后印的《十竹斋笺谱》、《北京笺谱》及一本光绪木刻版《大悲神咒》。

古文堂不知什么时候改称古文书店，但却是新书充斥，早已不见线装古籍。在光华桥拆迁后，古文堂短暂安置在临时商场，而后先搬到八德路4段，再迁移到松河路继续营业。

离开光华商场周围，另有一家"诚品古书店"，附设在敦化南路诚品书店里面。在新书店里面另辟一间古书店，不但独树一格，而且更充满书香味，可以吸引不同嗜好的顾客上门，不失为一种多元化的经营方式。古书店里有中文古书、英文古书、日文古书，还专卖藏书票，这也是其他书店所没有的，我到诚品书店去，看古书比看新书多。

诚品古书店除了买卖古书外，有一项创举也是别家店所没有的，那就是它举办了4次的古书拍卖会，为台湾的古书界留下一些回忆。可惜这些值得回忆的点滴，随着诚品古书店于1997年底结束营业而无法继续累积。诚品的4次拍卖会分别为：

（一）1992年10月4日第一届台北古书拍卖会。此次拍卖以中外文限定本、珍本书、绝版书、善本书及期刊为主，共有92种拍卖品，其中中文24种、日文15种、英文53种；另外有20世纪中叶以前的出版品128种同时在现场展售。

在拍卖目录前言中叙述了诚品举办古书拍卖的原因："台北自诩为国际性大都会，国民的购买力早已让欧美各国称羡，唯独在古书业，并未随着经济起飞而发展，反而日趋没落，甚至不能跟它蓬勃的出版业相提并论，无疑是此地文化界的一大缺陷。""第一届台北古书拍卖会只是个开端，我们不但要作点灯人，更希望作燃灯人，让古书的光辉继续照耀文化界。"

（二）1993年11月14日第二届台北古书拍卖会。拍卖品90种包括中文37种、日文2种、英文51种。除中文古籍外，都为19世纪末及20世纪出版品。

另外有现场展售品265种，包括中外文书籍、期刊、地图和画片等。这一年拍卖会目录附有索引，并专制一张藏书票。

（三）1994年11月13日第三届台北古书拍卖会。此次虽名为拍卖会，但未举行现场拍卖，而是在展示期间，拍卖品由买方写标单投标，展示结束后视投标金额高低决定物归谁家。展售品部分则现场出售。

此次共有拍卖品 91 种、仅供展示非卖品 2 种、现场展售品 132 种；包括中文 181 种、外文 44 种。

（四）1996 年 11 月 10 日台北古书拍卖暨展售会。此次拍卖品 172 种、展售品 424 种；包括中文 199 种、日文 141 种、英文 256 种。

此次拍卖与前一次相隔两年，也没有称为第四届，可能古书店的营运不继已出现征兆。但这次拍卖中，日据时代在台出版的台湾关系书拍得非常好，几乎全部拍出，值得一记。在这次拍卖会里，我拍得宣统元年（1909）叶德辉复刊《三教源流搜神大全》及仿武英殿本《墨法集要》二书。

1997 年 6 月，诚品决定结束古书店的生意。这项消息让许多古书爱好者感到惋惜，此后将减少一个寻觅古书的去处了。

诚品将其古书店的库存，包括自己使用的工具书在内，做一次清仓减价展售。我得到消息后，赶忙前去。柜子里、桌子上一堆堆的书都重新标了价钱，等待买主，新价钱的确比原价便宜许多。想到古书店就要结束了，这些书不知将何去何从，心有戚戚焉，因此也挑了一些带回家去。

这次买的有乾隆书业堂刊《芥子园画传二集》、嘉庆水心斋刊《徐霞客游记》、道光信古斋刊《人谱类记》、道光长芦盐运使如山重刊《御纂诗义折中》及 1921 年段祺瑞影印《佛祖统系道影》等书。另外也挑了 20 几本工具书，对于数据查考有很大帮助。诚品古书店的落幕，我总算没有缺席。

而近年来当红的旧香居，我早年接触的少，记得只在金华街时买过一些笺纸。近年来该店推动古旧书业极尽心力，或能创造另一番景象。

当年台北的古书店，屈指数来大概就这么几家，而且逐渐凋零。像诚品如此规模的书店都无法经营古书生意，的确令人惋惜。当然看古书、买古书的人口有限、书品来源匮乏、价格高都是限制这一行业发展的因素，实在是大环境所使然。

反观大陆，不但具有先天的优势，近几年来，一些颇具规模的拍卖公司逐渐重视古籍善本，将它排定专场拍卖，而且一年比一年红火。古书生意在大陆是一片看好。

台湾曾经有过的几家古书店，为台湾带来一些些古文化气息，我为他们惨淡经营的坚强毅力感到敬佩。或许是在买卖之外，这些古书店主人还心存古风吧。

由于爱好古书，常逛古书店，回忆往昔心有所感，为之一记。

台北古书业奇人林汉章

在台湾，提起百城堂书店及林汉章，不论在古旧书业、古籍、钱币，还是台湾史及台湾民俗等等各个层面，都是一个响当当的名字。虽然他的学历只是军校毕业，却有很多大学研究生在写毕业论文、甚至于大学教师在写升等论文的时候都来求教于他。"地下博士"的称号，就在友朋之间传颂着。在很多人心中，林汉章是一个somebody，蓦然间在媒体上看到有关他的报道或是看到他和大家一样排队买限量图书、看展览时，都会PO在脸书上告诉网友，就好像发现新大陆一样。

在大陆，当年北京中国书店的老师傅们，对这个从台湾来的小林是另眼相看的。老师傅们惊讶这个小伙子在古籍版本知识方面的造诣，进而相知相惜，还盛情邀他回家吃饭，把他当做知心朋友看待。在上海，新锐作家张怡微曾经短暂来台就读于逢甲大学，经名作家张辉诚兄带她到过百城堂。回上海后，她在博客里说林汉章是"全台北最有文化的旧书店老板"。在大陆古钱币收藏家口中的那个"台湾的老林"，指的也是林汉章。

不论在台湾或在大陆，建立这些知名度并不容易。他的知名度大多不是靠媒体效应造成的，而是靠着跟他亲身接触后的口碑传递。基本上他这个人并不擅长公关，连上门的客人都会觉得这个老板不太容易亲近。但是只要跟他进一步接触，就会知道这个老板绝对不是等闲之辈，与他交谈就像在练功，自己也必须要有点功力，才能谈的下去，而且从他的口中常常可以获得增强功力的养分，所以他的客人最后都变成他的朋友。所谓"一试成主顾"大概就是这个意思。到百城堂的常客大都是来聊天的，三教九流都有，学者专家、电视名嘴、收藏家、爱书人、书贩同业等，我在这里就多次遇到李敖大师。老客人一上楼一进门，都往柜台边坐，喝茶侃大山，往往在聊天中就能有所收获。我最怀念林汉章偶尔从抽屉中拿出珍品来的那一幕影像，他深知每一位客人的喜好，拿出来的东西，八九不离十都能符合客人的需求。

百城堂书店成立于 1986 年 12 月 15 日，这已是林汉章从军中退役 10 年以后的事。在这十年的黑手生涯中他已逐渐累积能量，造就日后博学多闻的他。其实他早在读新庄高中（泰山高中的前身）时就已经开始买书藏书了，或许这就注定了他日后要一生与书为伍的命运。当年他每天都看报纸的新书广告，看到喜欢的书就买下来。有一次邮差送了一大纸箱的书到他家，那是一整套《国父全集》，结果他被父亲骂了一顿，说买这么多书干吗呢。他是因为爱书而走上贩书的行业，书店名叫"百城堂"；而他在观音山下的住家同时也是收藏宝库，名为"梵天阁"，我从他那里买到的许多古籍上都钤有"梵天阁"的藏印。

当然他不仅仅是一个古书店老板而已，他同时也是一位收藏家及研究者。2011 年 9 月 3 日，"中央"图书馆台湾分馆举办"西川满大展"，展出日本文学家、出版家、图书装帧家西川满先生的著作、出版品、文物、手稿，等等，观者莫不赞叹。其实林汉章收藏的西川满著作出版品，质量均佳，堪称民间第一人，这是一般人不知道的。他收藏上百册都是珍品，西川满当年在台湾出版的 33 种著作，他几乎收藏齐全。另外他的藏品中有许多都是特装一本的

"家藏本"，别处无法得见。刘峰松先生在"西川满大展"开幕式致词时特别提到林汉章藏有一本"猫皮本"——这是西川满家里养的一只爱猫，死了之后，西川满将猫皮取下，做成《四行诗集》的封面——这么难得的珍品都在他的收藏里。

另外，钱币的收藏也是林汉章的强项。不只中国历代钱币收藏丰富，越南的钱币，他也藏了十之八九。而且为了收藏越南钱币，他还下工夫去研究越南文字，真的不只是一位古书店老板而已。

藏书家熟知版本，不足为奇，即使是一般爱书人也应该重视版本知识，在购藏书籍方面才不致走冤枉路。而经营古旧书肆的前辈们，在版本知识上往往胜过一般读书人，在《琉璃厂书肆记》等相关的著作上都有记载。《书肆记》中说鉴古堂书肆主人老韦，年70余，面瘦如柴，精通版本，但好持高价。《藏书纪事诗》有诗曰："翁年七十瘦如柴，日走公卿一刺怀，袖有奇书休问讯，老韦高价本难谐。"有一天周书昌到书肆，看到吴才老《韵补》已被他人买去，心中闷闷不乐。老韦告诉他，邵子湘的《韵略》已将《韵补》完全纳入，周书昌拿来一看，果然不错，心中甚为折服。

作为一家古书店的经营者，如果有深厚的版本知识，不但不会卖错东西，还会因此捡一些漏。林汉章的版本知识，连中国书店的老师傅们都非常欣赏。早年，他曾经有一次向光华商场的同业们买一些旧书，这个同业顺手抓起一册破旧的佛经送给他。他回到店里翻开一看，从版刻特征上发觉这是一册元刻本，着实让他捡了一个大漏，也给他多赚了好几万块钱。我觉得他和鉴古堂的老韦有一点不同之处，老韦好持高价，林汉章则算是还有良心的书店老板。虽然有些人认为百城堂的东西贵，而且这种声音一直都没停过，但我的看法是价格高在于他的东西比较珍稀，不同层级的东西自然会有不同的价格定位，否则他的老客人不会常常回来。我曾在这里买过一部明代闵齐伋刻三色套印本《杜子美七言律》2册，要价新台币1.5万元。或许有些人认为很贵，我则赶紧付钱取书。当然，他有时候也会拿出我无法负担的高价珍品，只能望书兴叹。不过我相信他的开价仍然有一定的依据，而依据应该就是大陆近年来飙高的古籍拍卖价格。

他和老韦还有一点不同，老韦面瘦如柴，林汉章则是健壮粗犷，长相和"文化"二字似乎没办法连在一起。但所谓人不可貌相，这句话用在他身上最为适当。不只从外貌看不出他的内涵，从外貌也看不出他内心的柔软。他没有结婚，但他却有一堆孩子，这些孩子都是他捐款认养的，国内外都有，让人不得不佩服他的爱心。他内心的柔软还表现在提携后进上。上海新锐年轻作家张怡微虽然只到过一次百城堂，只见过一次面，但林汉章每次去上海，都不忘带几本台湾作家的文学著作送给她，我想这是基于文化人惜才的心理。另外，他内心的柔软还表现在客人赊欠的书款上，因一时的不方便，或是看到非要不可的东西而刚好口袋空空如也的时候，他也会同意让老客人先把东西带走。他则用铅笔记在一张便条纸上，然后把它贴在墙壁上。但直到现在，还有少数几个人当时带走了东西，却一直没有把钱还回来，他也都默默承受。古旧书业是一种文化事业，有少数人虽然缺乏文化素养，欠账不还，但当老板的林汉章仍然坚持以文化人的涵养来面对此事。

说到他至今未婚这件事，这也是他父亲直到临终前都还在挂心的。不过林汉章却认为单身比较自由，没有家累负担，也不会有人常常在耳边碎碎念。他每天都在收藏与兴趣中钻研，没有时间也没有心情去寻找对象。他说算命先生算出他能活到72岁，所以现在更不可能去找对象了，以免到时候还让人家守寡，对不起人家。既然未来没有子女继承百城堂书店和梵天阁，这满屋子的古书、字画、古董将来如何处理？他倒是一派潇洒地说："捐出去。"到那时候，恐怕许多图书馆或博物馆都会抢着要吧。

如此一位古书店主人，士商一体，以士为本，这就是我认为他仍保有书肆古风的原因。在这功利主义挂帅的现代，这样的书店主人已经很难得一见了，视其为奇人，名副其实。